진화경제학의
이해

개정판

진화경제학의 이해

이요섭 편저

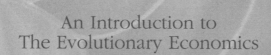

An Introduction to
The Evolutionary Economics

연암사

개정판
진화경제학의 이해

초판 발행   2007년 3월 31일
개정판 발행 2018년 8월 14일

편저자   이요섭
발행인   권윤삼
발행처   도서출판 연암사

등록번호 제10-2339호
주소   121-826 서울시 마포구 월드컵로 165-4
전화   02-3142-7594
팩스   02-3142-9784

ISBN 979-11-5558-038-7 03320

연암사의 책은 독자가 만듭니다.
독자 여러분들의 소중한 의견을 기다립니다.
트위터   @yeonamsa
이메일   yeonamsa@gmail.com

이 도서의 국립중앙도서관 출판시도서목록(CIP)은
서지정보유통지원시스템 홈페이지(http://seoji.nl.go.kr)와
국가자료공동목록시스템(http://www.nl.go.kr/kolisnet)에서 이용하실 수 있습니다.
(CIP제어번호: CIP2018016560)

「진화경제학의 이해」 초판이 나온 지 10년이 지났다. 일반적으로 사용되는 교재와는 달리 경제 변화의 굴곡이 워낙 장기적이다 보니 개정 작업이 늦어졌다. 최근에 이르러 경제금융 분야에서 두드러진 변화와 진화가 일어나고 있어 개정판을 준비하게 되었다. 미시적으로는 은행여신심사관행 변혁과 거시적으로는 화폐현상의 혁명적 진화가 그것이다.

20세기 베블렌을 중심으로 미국에서 출발한 제도주의경제학은 주류경제학의 정태적, 가정된 경제환경적, 몰인간진화적 경제관의 모순을 지적하고 이에 대한 대안으로서 또 하나의 새로운 이론, 즉 진화론적 제도경제학을 제시했다. 여기서는 경제현상을 균형이 아니라 사회 전체의 현상에 초점을 맞추면서 주류경제학의 대안으로 양립시키고 있다. 제도주의경제학은 경제질서 내지 사회질서를 하나의 '진행과정'으로 본다. 사회적, 경제적 조건이 계속 변화하면 기술이나 제도화된 행동규범도 변하는 것으로 보기 때문에 사람들의 가치관도 수정되고 진화과정도 변한다고 본다.

　제도주의경제학이 경제학의 진화현상을 주로 제도적 측면에 주안점을 두는 데 반하여, 진화경제학은 제도의 핵심주체인 인간과 기술의 바탕이 되는 '지식의 진화현상'에 초점을 맞추고 있다. 그래서 경제진화와 생물진화가 구조적인 유추성을 가지고 있는 것처럼, 생물생태계와 마찬가지로 인간생태계도 진화하며 이 가운데 '지식의 진화'가 이를 주도한다고 보고 있다.

　이에 따르면 현대경제는 정태적 균형이 아닌 동태적 균형 속에서 시간적 요소와 함께 질적으로 변이(變異)한다. 경제는 내적인 원인에 의해서 자기변화를 하는 질서이다. 따라서 신고전학파의 역학적 개념, 즉 시간의 가역성, 균형론 등은 경제질서를 설명하기에 부족하다.

　한국의 경우, 지난 40년 동안 경제성장이 정부주도와 기업조직에 의해 단기간 내 압축성장이 성공적으로 이루어졌다. 기술, 생산성, 기업경영에 있어서 이러한 성공은 정통경제이론만으로는 설명할 수 없다. 이 시점에서 하나의 대안적 접근으로 진화경제학이 필요하다.

　이 책에서는 개개인이 가지고 있는 지식을 중심으로 두 개의 흐름을 고찰하고자 한다. 그 하나는 개인의 공동체로서의 기업, 기업의 집합체로서의 산업, 산업에 의해서 구성되는 국가 · 국제경제라고 하는 종래의 정통파경제학의 체계에 따르는 고찰이며, 다른 하나는 개인과 사회, 시장과 시장외부에 존재하는 사물, 보편성과 특수성이라고 하는 종래의 경제학에서 다루지 않았던 진화론적 사회현상에 관한 고찰이다. 여기서는 행복경제학에 대해서도 깊이 있게 다룰 것이며, '한계효용의 크기는 반드시 부(富)의 크기와 정비례하지 않는다' 라는 테제에 대해서도 음미하게 될 것이다.

이 책에서는 진화경제학을 비롯해서 경제학, 경영학, 정치학, 윤리학, 심리학, 사회학 등 다양한 영역들을 접하게 되는데, 각 영역의 용어에 사로잡히지 말고 독자 주변에 있는 가까운 문제들과 연관성을 가지고 사안별로 고찰하면서 읽어 나가기를 권한다.

「진화경제학의 이해」를 편술하는 데 있어서 난감한 점이 한 둘이 아니었다. 우선 완전한 학문체계가 세워져 있지 않고, 각 학설마다, 학자에 따라, 시대를 달리할 때마다 상이한 접근방식으로 인하여 연결고리가 용이하게 이어져 있지 않기 때문이었다. 그러나 이렇게 논란이 많은 진화경제학의 한 모습을 어떻게 하면 최적의 체계를 갖추어서 독자들에게 전달하고, 또 다가갈 수 있느냐에 대해 많은 고민을 했다.

고민 끝에 정한 방침은 방대한 자료를 분석하고 정리ㆍ정돈하면서 이 분야에 관심 있는 연구자들과 일반 독자들에게 "진화경제학이 어떤 학문인가?"에 대해서 조금이라도 알기 쉽게 지식을 전달하는 데 이 책의 무게중심을 두기로 했다.

개정판은 초판과는 달리 내용 구성을 단순화시키고 진화경제론에 더 집중하였다. 구체적 내용에 있어서는 일부 신개념의 진화 내용을 보강했다. 미시경제현상인 금융기관 여신심사기능의 변혁과 거시경제현상인 핀테크 금융을 기반으로 하는 가상화폐의 등장 등을 주요 테마로 다루었다.

제1장에서는 진화경제학의 개념과 논리를 비롯한 이해를 다루고 제2장에서는 진화론의 본질과 역사를 다루었다. 제2장에서 다루고 있는 진화론의 진행 역사는 독자에게 특별한 통찰을 제공할 것이다. 라마르크의 용불용설 및 획득형질유전학설, 맬서스의 자연도태설, 다윈의 종(種)의 기원, 스펜서의 사회진화론, 베블렌의 제도진화론, 하이에크의 질서진화론의 핵심을 알기 쉽게 정리함으로써 독자가 생물진화론에서 경제진화론으로 진화하는 과정을 한눈에 파악할 수 있도록 하였다.

제3장과 제4장에서는 지식의 진화와 인간, 제도의 진화 문제를 다룬다. 생물진화와는 다르게 사회진화와 경제진화는 인간의 지식과 제도가 주요한 요소이기 때문이다.

제5장에서는 구석기시대-신석기시대-청동기시대-철기시대-농경시대를 거치면서 인류의 생활문명이 진화하고 발달한 것과 궤를 같이하면서 물품화폐-금속화폐-지폐-태환지폐-신용화폐 등으로 변혁 · 진화를 거듭하여 온 화폐와 금융의 진화를 고찰한다. 특히 이 장에서 다루고 있는 핀테크 금융과 가상화폐 내용도 중요하고 의미있는 주제이다. 최근 암호화폐(비트코인)의 등장 터전이 되고 있는 핀테크 금융을 소개하면서 새로이 진화된 은행제도인 인터넷전문은행을 고찰하고 블록체인과 암호화폐를 자세히 살펴본다.

제6장에서 전개하는 주제인 행복경제학은 경제활동의 본질을 다시 짚어보는 내용을 다루고 있다. 생물진화의 종착역은 예측할 수 없지만 경제진화의 종착역은 예측할 수 있어야 한다. 이 장의 행복경제

학은 결국 경제진화는 경제활동을 하는 주체들이 모두 행복할 수 있는 방향으로 나아가야 한다는 필자의 소망을 담았다. 이 책이 행복의 의미를 다시 성찰하고 진화경제를 넘어 행복경제로 나아가는 디딤돌이 되기를 기대한다.

　이번 개정판을 출판함에 있어서 여러 가지로 직접 챙겨 주시고 도와주신 연암사 출판사에 진심으로 감사의 뜻을 전한다.

2018년 7월

송파언덕 아래 탄천냇가 우거(寓居)에서

이요섭

차 례

제 1 장
진화경제학 입문

진화경제학의 논리와 흐름

　진화론과 경제학의 영역 간 상호작용은 애덤 스미스, 맬서스, 스펜서, 마셜, 베블렌, 슘페터에서 현재에 이르기까지 그 역사적 과정을 함께 하고 있다. 그 과정들이 어떻든 간에 지금 진화경제학은 신고전학파경제학에 대한 비판적 입장에서 새롭게 조명되고 있다.

　현대경제는 정태적 균형이 아닌 동태적 상태에서 시간적 요소와 함께 변화한다. 그리고 혼돈의 상태가 아니라 안정적인 상태로 양적, 질적 변화가 일어난다. 경제는 내적인 원인에 따라 스스로 변화하는 질서이다. 따라서 신고전학파의 역학적 개념, 즉 시간의 가역성, 균형론 등은 경제질서를 설명하기에 부족하다. 진화경제학은 진화론적 메타포(metaphor; 은유적 논리)[1]를 차용(借用)해서 경제변화를 설명한다. 이는 경제변화와 생물진화가 구조적인 유사성(similarity)을 가지고 있기 때문이다.

현대의 진화경제학은 다음과 같은 여러 가지 종류로 나눌 수 있다.[2]

- **신슘페터주의자** : 주로 기술변화, 혁신, 산업발전, 시장구조, 경기변동, 장기추세에 관심을 둔다.
- **오스트리안 전통학파** : 지식의 주관성, 발견행동에 의해 인도되는 시장 과정에 관심이 있다.
- **제도주의학파** : 사회질서를 하나의 진행과정으로 보고, 경제과정의 기본적인 요소를 기술, 제도, 자원, 인간으로 분류한다. 이러한 요소들은 경제과정을 거쳐서 상호작용 하에 동태적으로 변환된다고 본다. 이 진행과정의 조건은 계속 변하고 인간 생태와 제도화된 행동규범도 변하며, 기술의 진보와 자원 가용성에 대한 새로운 지식 발견도 지속된다고 본다.
- **신다윈주의학파** : 현대의 종합진화설을 말하는데 변화의 형태가 어떠하든 자연도태에 의해 진화가 이루어진다고 주장한다.

---

1) 홍민기, 진화경제학 논리연구(2001) 참조.
2) Ulrich Witt, "진화경제학-시장과 제도진화의 원리"(Evolutionary Economics) : Some Principles, in Evolution in Markets and Institutions, Ulrich Witt (eds.), 1993 ; (홍민기, 앞의 자료에서 재인용하였다).

진화경제학의 설명논리는 여러 가지로 달리할 수 있다. 논리전개의 무게중심을 어디에 설정하느냐에 따라 달라질 수 있기 때문이다. 경제학에서의 진화론은 다윈주의가 태생적으로 영향을 받은 바 있는 라마르크(Lamark)적인 설명이 혼재해 있다.

경제진화와 생물진화의 공통적인 특징에 대해서는 다윈주의적 설명방식이 쓰이며, 경제진화의 특수성(획득형질의 유전)에는 라마르크적 설명방식이 도입되고 있다. 이는 인간의 주체성을 인정하기 때문이다.[3] 경제진화에서 변이(變異)의 발생은 인간의 지식본능과 창조성에 밀접한 관련이 있다.

진화경제학에서 가장 보편적으로 수용되고 있는 대목은 자연도태(natural selection; 자연선택)이다. 그런데 고전적 자연도태론은 적응주의체계의 주체-주체, 주체-환경간의 상호작용이 빠져 있어 여러 가지 한계를 지닌다. 하이에크는 주체간의 상호작용을 적극적으로 고려하였으나, 구체적인 메커니즘에 대해서는 역시 한계를 지니고 있다.

진화경제학의 역사가 어떠한지, 진화경제학이 신고전학파경제학을 어떻게 비판하는지에 관해서는 제2장에서 상세하게 다루고자 한다.

---

3) 생물학에서는 획득형질은 유전되는가가 논쟁거리가 되고 있으며, 대체로 부정하는 것이 주류이지만, 진화경제학에서는 긍정하는 주장도 있어 결론이 확연하지 않은 상태이다(홍민기의 앞의 자료 참조).

진화경제학의 여명

　사회변화와 지식의 관계를 말할 때, 키워드 중 하나가 '진화' 이다. 경제학 가운데서도 '진화경제학' 이라는 이름을 달고 있는 그룹이 존재한다. 이 이름은 19세기 말부터 20세기 초에 걸쳐서 활약한 미국의 경제학자 베블렌(Thorstein Bunde Veblen, 1857~1929; 미국 제도학파경제학의 창시자)이 명명한 것이다.

　현재 독일의 막스 프랭크연구소에는 진화경제학과 제도경제학을 전문적으로 연구하는 섹션이 있으며, 일본에서도 1996년에 진화경제학회가 창립되었다.

　그러나 실제에 있어서 "진화경제학이란 무엇인가?"라고 질문한다면 연구자들 사이에서도 명확한 합의가 있는 것은 아니다. 단순히 변화하는 것을 진화라고 부르는 사람이 있는가 하면, 생물학의 '유추성'을 빌어서 이를 진화라고 부르는 학자도 있다.

　진화경제학은 경제학 가운데서도 깔끔한 정의를 기초로 해서 연구가 진행되고 있다고 말하기는 어렵다.

경제학에 있어서 진화의 정의

　진화의 본질을 파악하기 위해 먼저 진화경제학에서 다루는 개념들을 정의하여 보고자 한다.

첫째, 사회진화를 생각할 때, 기본 단위가 되는 것은 인간 개인이다. 사회 전체를 대상으로 하는 경우에도 그 사회가 개개인의 행위와 상관관계에서 구성되어 있다고 하는 관점을 가지는 것은 유용하다.

특히, 사회진화를 개인의 지식과 관련시켜 생각하려고 하는 진화경제학에서 인간 개인을 출발점에 놓는 일은 중요하다. 왜냐하면, 지식은 어떠한 것이든, 인간의 두뇌 가운데에만 존재하기 때문이다.

안일하게 사회적 지식이라든가, 조직의 지식이라든가 하는 용어를 사용하지 않는 까닭도 그 때문이다. 지식은 개개인이 세계를 인식하기 위한 틀(사고의 양식, 思考의 樣式)을 구성하고 사람들의 행위를 결정하는 것이다.

그러나 이것은 스펜서가 생각했던 바와 같이 개인으로부터 사회전체로의 일방적 흐름이 아니라 쌍방적 흐름이다. 행위의 결과로 사회에서 일어나는 현상은 반대로 사람들의 지식을 여러 가지 형태로 변화시키고 있기 때문이다. 이것은 다음 두 번째 정의와 연결된다.

둘째, 진화경제학에서는 출발점에 인간 혹은 개인을 두지만, 개인의 세계관 인식은 항상 변화하고 있어서 시간이 흐르는 가운데 일정하게 되는 것이 아니다. 따라서 진화경제학에서는 어떤 사고의 양식을 시간이 흐르는 가운데 고찰한다. 즉, 바꾸어 말하면 동태적인 인식하에서 이루어지는 것이다.

셋째, 베블렌이 그랬던 것처럼 진화경제학은 제도의 문제를 다룬다. 그러나 제도라고 하는 말은 단순한 사회적 행위의 규칙보다 더 넓은 정의를 포함하고 있다. 베블렌은 '사고의 양식'을 사람들의 '세계관 인식의 짜임새'라는 말로 표현하고 있다. 제도가 사람들의 행위를 내부와 외부로부터 규제하는 요인이라고 생각하는 것이다.

넷째, 지식은 진화경제학에서 중요한 요소이다. 진화경제학에서는 사회를 단순한 개인의 집합체로 보지 않기 때문에 개인 간의 지식의 전달을 생각하게 된다. 생물진화에서는 유전자정보의 전달은 일방향이지만 개인 간의 지식의 전달은 쌍방향인 경우가 많다.

그러나 단순히 개인의 경험을 다른 사람에게 '개인적으로' 전달했다 하더라도 그것은 다른 사람의 지식이 변화하는 데 지나지 않는다. 지식의 전달이 사회과학적인 고찰의 대상이 되는 것은 그 지식을 갖는 사람들이 다수 존재하고, 그들의 행위가 전체적으로 변화하는 경우에만 해당한다.

따라서 논의의 출발점에 인간을 두고 지식을 가지는 대상을 인간 이외에는 생각하지 않는다고 해도, 사회진화를 생각하는 경우의 지식은 개개의 직접적 경험으로부터 분리되어 형식화된 지식인 것이다. 그런데 이들의 정의가 실제의 경제현상을 생각하는 경우에 어떠한 의미를 가지게 되는지에 대해서는 이 책의 제3장 이후에서 살펴보고자 한다. 여기서는 이들의 정의와 개념이 더 쉽게 이해될 것이다.

경제진화론의 변천과정

다윈의 진화론

다윈의 진화론은 다음과 같다.[4]

① 생물은 일반적으로 많은 새끼를 낳는다.

② 수가 많으므로 생존경쟁이 일어난다.

③ 변이를 수반하는 것이 있어 생존경쟁에 유리하게 작용하는 경우가 있다.

④ 변종은 생존 가능성이 극히 낮지만 진화의 가능성은 높다.

⑤ 이 과정이 오랫동안 반복되어 변종이 종(種) 내에서 다수가 된다.

현대의 종합진화설을 신다윈주의라 하는 데 이는 변화의 형태가 어떠하든 자연도태에 의해 진화가 이루어진다는 이론이다. 경제에 적용하면 수많은 경제주체가 시장이란 환경 속에서 경쟁을 하면서 우월한 (혹은 효율적인) 기술, 루틴(慣行)[5], 지식, 정보, 능력 등을 가진 주체가 선별되어 진화한다는 의미가 된다.

---

4) 나가하라 히데오미, 進化論が變わる, 고경식 譯, 진화론이 변하고 있다, 전파과학사, 1997. 6. 참조.

5) 루틴(routine)에는 표준시행과정, 기업의 투자행위를 규정하는 루틴, 더 좋은 행동방식을 위한 탐색행위 등이 포함된다.

"신고전학파경제학의 경우 방법론적 개인주의(특히 원자론적 개인주의)를 채택하고 있는데, 선별메커니즘은 경쟁, 극대화, 시장의 효율성을 정당화하는 논리로 쓰이고 있다. 진화는 항상 진보와 효율성의 증가, 조직 혹은 삶의 낮은 형태에서 높은 형태로, 그리고 열등한 형태에서 우월한 형태로 향하는 과정이라는 사고방식을 갖는다.

최근 이러한 생각을 생존을 위한 게임에 적용하고 그 게임의 균형해로서 "진화론적 안성선략" 개념을 발전시켰다. 선별과 진화의 결과가 효율성, 적합성이라고 하는 생각은 주체-주체, 주체-환경간의 상호작용을 고려하지 않은 인식의 결과이다. 여기서도 조정의 결과가 반드시 파레토적 효율[6]이 아닐 수 있으며, 일단 정립된 관습이 자기 강화되는 상황을 보여주고 있다. 이 모두 주체간의 상호작용, 주체와 환경간의 상호작용을 고려하고 있다."[7]

하이에크의 문화진화론(자생질서론)

하이에크의 문화진화론은 주체간의 상호작용을 전제하고 있다. 그리고 문화진화의 특수성, 즉 문화전승, 학습에 대해 명시적으로 고려

---

6) 파레토효율성(Pareto efficiency; 파레토 效率性)이란 하나의 자원배분상태에서 다른 어떤 사람에게 손해가 가도록 하지 않고서는 어떤 한 사람에게 이득이 되는 변화를 만들어 내는 것이 불가능할 때, 이 배분상태를 파레토效率的이라고 한다.
7) 홍민기, 앞의 자료, p. 2-3에서 인용하였음.

한다는 점에서 고전적인 진화론을 뛰어 넘는다.

하이에크의 문화진화론과 관련하여 두 가지 논점이 있다. 소위 '하이에크 문제'로 어떻게 경제에서의 변화과정과 개인의 합리적 의사결정을 일관되게 설명할 수 있을까 하는 문제이다. 이는 진화 단위의 문제와도 연관된다. 하이에크의 진화론에서 도태가 작용하는 것은 제도, 구조 등 집단적인 것인데, 방법론적 개인주의와 양립하기 어렵다.

진화에 방향성은 있는가? 일반적으로 진화론은 사전 결정된 방향으로의 진화라는 생각을 거부하는 데,[8] 그렇다면 시장의 효율성에 대한 하이에크의 옹호는 어떻게 해석되어야 하는가? 더욱이 주체는 환경의 원인이자 결과라고 한다면, 즉 주체와 환경간의 상호작용을 명시적으로 고려했을 때, 시장이란 환경도 주체와의 상호작용에 의해 변할 것이다.

상호관련이론

진화론이 태동된 이래 이 분야의 연구는 체계이론, 열역학, 분자생

---

8) 진화론은 다양한 전략들의 효과를 제한하는 "제약원리"(constraining principles)에 초점을 맞춘다. 그 결과 진화론은 사건들의 연쇄를 어떤 사전결정된 방향으로 보지 않는다. 진화의 일반적 방향은 의미가 없다. 즉 인간 행동은 인간의도와 목적의 표현이기는 하지만 사전결정된 방향을 결과하지는 않는다. 하이에크의 자생적질서론은 이러한 의미로 해석될 수 있다.

물학 등 존재의 상호관련성을 고려하는 이론들로 발전하였다.[9] 경제주체와 같은 존재들은 자기조직화를 도모하기 위한 연합속성을 가지고 있다. 이에 따라 거시적 질서가 형성되며 설명 방식은 다음과 같다.

초기국면에서 하나 혹은 몇 개의 정보적 배종(胚種; germ)이 존재한다. 초기 조건은 작은 영향에 민감하고 역사적 우연성이 이후 과정의 방향에 영향을 미친다. 일단 방향이 선택되면 그 과정은 누적적으로 강화된다.

최종국면에서 주체의 행동은 질서에 의해 고착된다. 이러한 체계를 자기조직이라 한다. 자기조직화[10]의 특징은 다음과 같다. ① 자기조직화는 논리적으로 자기관계(self-reference)[11]를 전제로 한다. ② 자기조직화의 인과론은 순환적 인과론[12]이다. 순환적 인과론은 단선적 인과론[13]과 구분된다. ③ 자기조직화에서는 초기국면의 우연성과 이후 과정과 관련된 결정론이 결합되어 있다.

---

9) 특히 생물학에서 Gould, Lewontin, Varela 등에 의해 적응주의 프로그램을 비판하면서 특징, 유전인자, 행동의 네트워크와 관련된 요소들을 전면에 내세운다. 유전인자의 상호의존, 발전적 제약, 유전적 흐름, 진화적 정체, 다양한 수준의 선별단위 등이 개념 중 일부이다. 그들은 환경이란 개념을 유기체, 그리고 유기체의 활동과 분리할 수 없음을 강조한다. Richard Lewontin은 유기체가 환경의 주체이며 동시에 대상이라고 하면서 다음과 같이 말한다. "유기체와 환경은 분리되어 결정되지 않는다. 환경은 외부로부터 생물체에 주어진 구조가 아니며 사실상 그러한 존재의 창조물이다. 환경은 자율적 과정이 아니라 종의 생활사의 반영이다. 환경 없는 유기체가 존재하지 않는 것처럼 유기체 없는 환경도 존재하지 않는다."

경제진화론의 발전방향 및 과제

진화단위의 문제

진화과정은 변화과정과 함께 이를 통해 새롭게 획득된 형질이 유전
(전이 또는 전승)되는 것을 포함한다. 그러면 이 전승되는 단위, 선별단
위는 무엇인가?

"예컨대 기술경쟁과정에서 선별단위는 체계인가 아니면 개별기업
인가? 개념상 진화의 단위는 두 가지 특징을 가지고 있어야 한다. 단위
는 상대적으로 안정적이어야 하며, 구성요소간의 상호의존성을 드러

---

10) Varela에 의하면 자기조직화는 두 가지 원리를 가진다. 1) 모든 작동하는 닫힌 체계는 고유한(특
    이한) 행동(eigen behaviors)을 가진다. 2) 모든 작동하는 닫힌 체계는 자연적 흐름(natural drift)
    을 가진다. 즉 유일하지는 않지만 제약된 경로를 따른다.
11) 자기관계성(self-reference)이란 체계가 스스로를 구성하는 속성이다. 이것은 요소, 과정, 체계가
    (체계의 외부와의 관련 없이) 그 자체로 있음을 말한다. 하나의 체계는 상호작용하는 구성요소의
    집합이면서, 체계는 구성요소(내적 환경)를 구성할 수 있고 자기와 환경(외적 환경)간의 고유한
    구별을 구성한다. 놀이, 언어, 이데올로기, 모든 단일 생물세포 등이 유명한 예이다. Luhman이 자
    기관계적 체계에 대한 이론을 처음 제안한 사람이다. 이와 유사한 자기생성적(autopoietic) 체계
    개념은 1974년 Maturana가 제안하였다.
12) 순환적 인과론에는 1) 되먹임(feedback) : 긍정적 되먹임(체계의 결과가 원인으로 작용하되 원
    인을 더욱 강화하는 경우)과 부정적 되먹임(체계의 결과가 원인으로 작용하되 원인을 약화시키
    는 경우) 2) 자기실현적 예언(self-fulfillng prophecy) : 예측자체가 원인이 되어 예측자체를 실
    현시키는 것 3) 자살적 예측(suiciding prediction) : 예측자체가 원인이 되어 예측자체를 틀리게
    하는 것이 있다.
13) 단선적 인과론이란 하나의 원인(A)에 따라 결과(B)가 나타나고, 다시 결과(B)가 원인이 되어 다른
    결과(C)를 야기하는 것을 말한다.

내야 한다. 일반적으로 사회체계, 기업, 기술체계, 개인행동 등이 지적되고 있는데 모두 진화론적 분석에 필요한 장기적인 내적 결속을 노출하지 않는다고 보는 것이다."[14]

변화의 내적 원인 규명

변화의 내적 원인을 밝히기 위해서는 어떻게 혁신이 일어나는가에 대한 고려가 필수적이다. 혁신행동은 새로움(novelty)을 말하며 인간의 창의성과 관계있다. 개념이 함의 하는 바가 대단히 무정형적인 개념인 까닭에 이론화도 매우 어렵다.

전승(유전)메커니즘의 문제

진화론에서 새롭게 진화한 것은 후손에게 전승(유전)되어야 한다. 생물학에서는 유전자와 관련되겠지만, 인간사회의 경우 유전만으로 설명할 수 없다. 하이에크가 모방과 학습에 대해 일부 언급하기는 하였으나 학습과정에 대한 상세한 연구가 뒷받침되어야 하는 것이다.

---

14) 홍민기, 앞의 자료에서 인용하였음.

인간문화진화의 특수성이 미치는 영향

인간문화진화의 특수성이 진화이론에 어떤 영향을 미치는가? 예를 들어 기술진화의 경우는 생물진화보다 빠르다는 점, 진화가 가속된다는 점, 비배타성과 기술적 라인의 신속회복성, 계통간의 종합가능성, 부분적 가역성이라는 특수성이 존재한다.

지식의 문제

진화경제학의 논리에 일관되려면 적어도 신고전학파적인 강한 합리성 가정은 폐기되는 것이 유용하다. 그래서 진화경제학에서는 대부분—특히 네오슘페터주의자의 경우—제한된 합리성을 채택하고 있다. 그리고 오스트리안 전통의 '자생질서론'에서는 더 낮은 수준의 지식을 가정하고 있다.

지식에는 여러 가지가 있다. 교과서에서 가르치는 지식, 과학자가 발견한 지식, 나이든 사람이 오랜 동안 인생을 살아오는 가운데 획득한 지혜, 장인(匠人; 職人 또는 藝人)이 훈련을 통해서 획득한 기능 등 다종다양하다.

경제학방법론의 토니 로슨은 「경제학과 실제」(Economics and Reality)에서 지식을 크게 명시적 지식과 암묵적 지식, 의식적 지식과 무의식적 지식의 2개 그룹으로 분류했다.

명시적 지식에서 알기 쉬운 것은 교과서에 쓰여 있는 지식이다. 이러한 지식은 그것이 명문화되는 과정에서 본래의 지식을 가지고 있던 개인으로부터 분리되어 있는 것이 특징이다.

어떤 지식을 서술한다는 것은 사람의 의식이라고 하는 형태의 어떤 것에 대해서 말(어휘)을 맞추는 행위이며, 그 과정에서 기존의 말에 합당하지 않거나, 혹은 불확실한(부정확한) 지식은 탈락되어 간다. 따라서 지식이 명문화된 형태로 다른 사람에게 전달되는 경우, 최초의 보유자가 가지고 있던 많은 구체적 정보의 일부는 버리게 되거나 일반화된다. 따라서 자기가 가지고 있는 지식의 축적 가운데 추가하는 것이다.

명시적 지식의 두 번째 특징은 그것 이외의 지식의 결과로서 나타나는 것이다. 예컨대 1980년대 후반, 일본 기업과의 경쟁에서 경쟁우위 상실이라는 문제에 직면한 미국 기업들은 적극적으로 이질적 시스템을 이해하지 않으면 안 되는 상태에 놓이게 되었다.

그러자 미국 비즈니스 스쿨의 연구자가 일본의 경쟁우위의 이유를 미국의 경영지식과 비교분석하여, 처음으로 '일본경영'이라고 불리는 수법의 장점과 단점을 과학적으로 밝혀냈다. 그리고 기존의 경영지식에 이 새로운 지식을 더하여 미국기업에 맞도록 개선해서 보급에 노력하였다.

명시적 지식과 대비되는 암묵적 지식이라는 말은 마이클 폴라니 (Michael Polanyi, 1891~1976; 헝가리 출신 물리학자, 철학자)가 처음 명명한 것으로 알려져 있는데, 실제로는 폴라니의 '개인지식' 혹은 '암묵

지식의 차원' 가운데는 두 개의 의미가 포함되어 있는 것에 유의할 필요가 있다.

하나는 '암묵적 지식'(Tacit Knowledge)이라고 하는 명사(名詞)에 대한 것이며, 다른 하나는 '암묵적으로 아는 것'(Tacit Knowing)이라고 하는 동명사(動名詞)에 대한 의미이다.

대다수의 경영학자들은 전자의 '암묵적 지식'을 중시하지만, 폴라니 자신은 오히려 후자의 '암묵적으로 아는 것'을 중시했다. 전자와 후자 사이에는 결정적인 차이가 있다. '지식'이란 세계를 인식하는 짜임새이며 제도와 연결되는 것이나, '아는 것'이란 추론이나 발견을 통해서 혁신과 연결되는 개념이기 때문이다.

지금까지 살펴본 경제진화론의 발전 방향과 과제는 간단하지 않았다. 인간과 지식, 제도의 진화에 중점을 두는 경제진화론은 이제 새롭게 시작되는 대안 경제학이다. 주류 경제학으로 나아갈지도 불분명하다. 그러나 점점 복잡해지는 사회와 경제현상을 새로운 관점에서 접근하는 경제진화론은 분명 탐구할 만한 가치가 있다.

제 2 장
진화론의 본질과 역사

생물진화의 본질

진화(進化; evolution)의 사전적 정의는 생물학에서 생물 집단이 장구한 시간 경과와 함께 여러 세대(世代)를 거치면서 생물의 형질, 형태, 생리, 행동 등이 서식하는 환경에 보다 적합하게 변화를 축적함으로써 집단 전체의 특성을 변화시켜 기존의 종(種)으로부터 새로운 종이 형성되어지는 과정을 가리킨다. 여기서 변화란 단순한 원시생명으로부터 복잡다양한 생명체로 변화해 가는 것을 포함한다.

현대 진화론은 찰스 다윈과 알프레드 러셀 월리스(Alfred Russel Wallace, 1823~1913; 영국 박물학자)가 1858년 공동으로 집필한 논문에서 자연선택 개념을 소개하면서 출발하였다. 이 이론은 다윈이 1859년 출판한 「종의 기원」을 통해 더 널리 알려졌다. 다윈과 월리스는 한 생물체의 성공적 번식 확률을 높여주는 유전적 특성이 세대가 지남에 따라 유전을 통해 더 널리 퍼지고, 반대로 성공적 번식 확률을 낮추는 유전적 특성은 세대가 지남에 따라 더 희소해짐으로써 진화가 일어난다고 주장했다.

1930년대에 과학자들은 다윈의 자연선택이론과 멘델의 유전학('멘델의 법칙')을 조합하여 진화론을 한층 발전시켜, 현대 생물학의 기초를 마련했다. 현대 진화론에서 '진화'는 생물 집단 내에서의 유전자의 빈도가 세대가 지남에 따라 변화하는 것으로 정의된다.

진화론의 체계 확립

진화론의 확립자인 다윈은 '변화를 수반하는 유래'라는 말로 진화를 표현했다. 진화에 관한 선구적인 생각은 18세기 이래 반복해서 발표되는데 이는 해부학과 발생학의 발달 및 화석의 발견 등으로 고생물학이 크게 발전함으로써 생물학적 사실의 축적이 이루어졌고 이와 함께 생물의 다양성이 뚜렷이 밝혀져 온 데서 비롯된 것이다.

그 다양성의 밑바탕에는 공통성이 존재하고 또한 사물은 변화한다는 관념이 있다. 이런 관념이 보편화되면서 그러한 상황이 조성되었을 것이다. 비슷하기는 하지만 다르다는 사실은 생물의 연속성과 가변성이라는 양면의 특징을 나타낸다. 진화론은 생물의 다양성을 연속성과 가변성이라는 두 가지 기본 가정 아래에서 설명하려는 이론이다.

체계적인 진화론은 용불용설, 획득형질의 유전으로 유명한 프랑스의 라마르크가 처음으로 제창했고, 19세기 중엽 영국의 다윈에 이르러 확립되었다.

다윈은 「종의 기원」에서 많은 품종개량의 예를 들어 생물의 가변성을 제시함과 동시에 인위적 선택에 의해 그 변화의 방향을 좌우할 수 있다고 주장했다. 또한 이 인위적인 선택과 비슷한 구조가 자연계에도 있다는 유추, 자연선택설(자연도태설)을 전개하였다.

즉, 그는 생물의 다산성(多産性)에 주목했다. 이는 생물의 무한한 증가를 초래하게 됨에도 실제로는 그렇지 않은 사실을 지적하고, 이와 같이 수의 증가를 억제하는 요인으로서 생존경쟁을 상정했다. 이 개념을 생물의 변이성이라는 또 하나의 사실과 결합시킴으로써 생존경쟁 결과 살아남아 자손을 남기는 것은 조금이라도 유리한 유전을 하는 변이를 지닌 개체라는 자연선택설을 끌어내게 되었다.

그리고 그 당시까지 밝혀진 생물학적·고생물학적 사실들이 자연선택에 의한 진화라는 가설에 의해 합리적으로 설명될 수 있는지를 밝히고 있다. 진화론이 다루는 것은 모두 오랜 과거에 일어난 현상으로 유사 이래 진화라고 할 만한 변화는 없었다. 또한 생물의 진화는 오랜 세월에 걸쳐 일어나므로 생물학자가 자신의 짧은 생애에 실험이나 관찰에 의해 직접 증명하기도 어려운 일이다.

따라서 그는 생물이 진화한다는 가정에 따라서 간접적으로 유추를 하여, 그 가정에 의해서만 합리적으로 설명할 수 있는 사실을 많이 제시함으로써 진화가 일어난다는 사실을 증명하려고 하였다.

일반적으로 진화를 증명하는 사실로 다음과 같은 것들이 있다.

① 2가지 분류군의 중간적인 형태를 가진 화석·현생생물의 존재

② 변화 과정을 나타내는 듯한 화석계열·현생생물의 그룹의 존재

③ 분기(分岐)를 가진 계단방식의 생물 분류법

④ 공통된 조상으로부터의 유래를 나타내는 듯한 상동기관(相同器官)·
흔적기관(痕迹器官)의 존재

⑤ 지역마다 특유한 생물의 분포

생물의 진화는 생물학의 진보에 의하여 차츰 확실시 되고 있으며, 이미 기정사실로 받아들여지고 있는 자연선택설도 유전학의 진보 등에 의해 일부 수정된 점이 있으나 그 기본적인 견해는 현대의 진화론에서도 대부분의 사람들이 인정하고 있다. 다만 자연선택설만으로는 진화의 모든 면을 설명할 수 없으므로 새로운 가설을 모색하고 있다.

여기서 주의할 것은 진화가 일어나는 요인 또는 구조를 설명하는 것으로 자연선택설과 생물이 진화한다는 것은 별개의 일이며, 전자가 부정되는 경우가 있더라도 후자는 부정되지 않는다는 사실이다.

진화론의 태동

지금 우리 가운데 있는 사물이 지난 역사상 어느 시점에서 탄생(또는 창조)하고 변화해서 후세에 계승되어 왔다는 사상과 사고 자체는 기

독교 보급 이전부터 존재해 왔다.

예를 들면 기원전 1100년부터 기원전 900년경에 성립되었다고 하는 그리스신화 가운데는 이 같은 종류의 이야기가 얼마든지 있다. 아네모네꽃이 붉은 것은 미의 여신인 아프로디테의 연인 아도니스의 피에서 생겨났다고 알려져 있고, 거미가 거미집을 기하학적으로 짓는 것은 지혜의 여신 아데나와 직물 짜기 승부를 겨루던 불손한 직녀(織女) 아라쿠네의 뛰어남 때문이라고 알려져 있다.

고대 그리스의 자연철학자들 가운데는 사물의 생성(生成)문제를 논의한 사람이 많았다. 그 중 한 사람인 엠페도클레스는 지(地), 수(水), 풍(風), 화(火) 4원소의 결합 분리로 경험세계의 생멸(生滅) 사실을 설명하려 하였고, 동물체의 여러 부분이 발생하여 지상에서 결합되었다고 주장했다. 아낙사고라스는 사람이 물고기 모양의 조상에서 유래되었다고 주장했는데, 사람들은 이들의 설이 진화관념의 효시라고 여기고 있다.

아리스토텔레스는 생물의 여러 부류가 그 완성도에 따라 상대적, 연쇄적으로 배열되어 있다는 자연의 단계를 설명했다. 이것이 근세에 와서 동물을 하등의 것과 고등의 것으로 분류하게 하고 진화사상을 생성하게 한 토대가 되었다.

한편 기독교가 보급되는 가운데 버려졌던 그리스 종교는 기독교의 관할영역이 미치지 못하는 지방에서 토착종교로 남게 되었고, 종교와 서로 이웃관계에 있던 그리스 철학은 서양사 가운데서 일관해서 학문의 고전으로 계승되었다. 이것은 로마 가톨릭의 반대와 탄압에도 불구하고 유럽사회 안에서 진화론이 발생할 토양이 있었음을 의미한다.

진화(evolution)의 라틴어 어원인 evolutio는 '접어둔 부품' 혹은 '두루마리'가 열린다는 의미를 가진다. 이것이 18세기에 활약한 스위스 생물학자 샬 보네(Sharles Bonnet, 1720~1793) 및 19세기 전반의 영국 지질학자 찰스 라이엘(Charles Lyell, 1797~1875) 등의 손을 거쳐서, 19세기 후반의 영국 사상가 허바드 스펜서(Herbert Spencer, 1820~1903)의 「제1원리」(1862년)에서 진화론의 근대적 정의가 형성되었다.

스펜서는 종합철학 체계에 의해서 진화론을 바탕으로 독자적 철학 체계를 수립하려고 하였다. 교육자의 아들로 태어난 그는 숙부가 경영하는 학교에서 수년간 공부한 것 외에는 정규교육을 받지 못했다.

스펜서는 17세부터 철도기사로 일하면서 다윈과는 전혀 다른 진화론에 바탕을 둔 종합철학을 구상했는데, 그 사상의 바탕에는 비국교도적 자유주의와 사회혁명에 의한 사회구조적 변화에 대한 낙천적인 자신감이 있었다. 그는 진화라는 단어의 의미에 대해서 '막연하면서 정돈되지 아니한 동질적인 개념으로부터 명확하고 이질적인 것으로 변화해 가는 과정'이라고 정의를 내렸다.

그는 1848년부터 「에코노미스트」지 부주필을 맡으면서 「사회정학」(社會靜學)을 1851년에 간행했는데, 이 책은 사회진화가 궁극적으로 실현되는 이상사회를 상술하고 있어 비국교도적 급진주의를 이론화하려는 야심작으로 꼽힌다. 1896년에 「제1원리」(First Principles; 1862), 「생물학원리」(Principles of Biology; 1864~67), 「심리학원리」(The

Principles of Psychology; 1870~72), 「사회학원리」(The Principles of Socialogy; 1879~93) 등을 완성하였다.

「제1원리」에서 스펜서는 3가지 기본법칙을 제시했는데, 첫째 지식을 초월하는 어떤 궁극적인 원인의 존재와 존속을 포괄하는 힘의 지속성 법칙, 둘째 물질불멸의 법칙, 셋째 에너지는 한 가지 형태에서 다른 형태로 전환되더라도 언제나 보존된다는 운동의 지속성 법칙이 그것이다.

또 스펜서는 여기에 다시 4가지 부수적 명제를 제시했는데, 그것은 힘들 간의 관계 지속 또는 법칙의 제일성, 힘들의 변형과 등치, 최저의 저항과 최대의 인력을 받는 선을 따라 운동하려는 추세, 끝으로 교체, 리듬 또는 운동의 원칙 등이 그것이다.

이 명제들은 스펜서가 살았던 시대의 물리학으로부터 빌려온 것들이다. 이러한 법칙들에 기초해서 스펜서는 모든 생성의 최고법칙으로 '진화의 법칙'을 제시했다.

"진화란 물질의 통합이며 그에 수반되는 운동의 확산으로서, 그 과정동안 물질은 불확정적이고 비체계적인 동질성으로부터 명확하고 체계적인 이질성으로 진행되며, 그 과정 동안 지속된 운동은 그와 유사한 변형을 겪는다."

이 법칙은 그의 사회학이론의 개요에 해당되는 것으로 사회진보를 '단순한 것으로부터 복잡한 것으로의 발전'으로 보는 시각임을 알 수 있게 해준다.

이러한 여러 관점에서 스펜서는 두 가지 주장을 한다. 첫 번째는 "사회는 단순사회에서 다양한 수준의 복잡사회로 발전한다"는 것이고, 두 번째는 "군사형 사회에서 산업형 사회로 진화한다"는 것이다.

이러한 스펜서의 견해는 미국을 중심으로 사회학이론의 지배적인 사상으로 발전하였으나, 경험적 근거 없이 생물학적 명제를 사회학에 이전시킨데 따른 오류로 인해 점차 과거 유물로 전락하고 말았다. 그러나 그의 이론적 시각은 미국 주류사회학 형성에 기여했으며, 보다 세련된 형태의 이론 틀인 체계접근을 가능하게 하였다.

즉, 사회나 유기체는 모두 상호의존적인 부분들로 구성된 전체라는 점에서 체계를 형성한다고 제안된 유추는 이후 사회학에 있어서 중심개념인 '체계론적' 시각의 기초가 되었다.

이상에서 우리는 진화론이 어떻게 시작되는지 고찰해 보았다. 그런데 1996년, 종교와 과학의 경계선 위에 있는 화제 하나가 사람들의 관심을 끌었다. 로마교황 요한 바오로 2세가 진화론을 과학적인 논의로서 인지한다는 것이었다.

만물은 신의 창조 이래 변화하지 않고 있다는 교의(敎義) 하에 일관해서 진화론(다윈 이전의 것도 포함)을 부정해 온 로마 가톨릭교회가 21세기를 눈앞에 두고 물질세계와 정신세계를 과학과 종교로 나눈다는 방침을 전환하여 이 문제에 매듭을 지은 것이다. 이러한 전환에 일부 기독교원리주의자들이 격하게 반발한 것은 당연하다 할 것이다.

다음에서는 진화론의 선행 연구학설들을 연대별로 체계적으로 고찰해 보기로 한다.

라마르크의 용불용설 및 획득형질유전학설

생물을 진화시키는 것은 개체의 환경이다

라마르크(Jean Baptiste de Lamarck, 1744~1829)는 프랑스 생물학자이며 진화론의 선구자인데, 군인의 아들로 태어나서 가계관계로 수도원에 들어가 있었으나 부친 사망 후 군대에 입대했다.

그는 병으로 제대한 후, 식물학 및 패류학에 관한 연구에 두각을 나타내게 된다. 프랑스혁명의 거센 물결에 밀리면서 때로는 가족이 몇 번이나 습격당하는 불행과 학계에서의 불우한 역경을 견디면서 「프랑스 식물지」(1778년), 「동물철학」(1809년) 등을 저술하였다.

라마르크는 「동물철학」에서 생물과 환경의 관련성을 다루었는데, 여기에는 두 가지 내용을 포함하고 있다. 첫째는 "용불용설"(use and disuse theory; 用不用說)이다. 그는 어떤 개체에서 자주 사용되는 기관은 발달진화하고 반대로 그다지 사용하지 않는 기관은 차츰 퇴화한다고 생각했다.

더 부연하면 생물은 환경과의 상호관계 속에서 필요성 있는 기관을 창조하는 데, 어떤 기관을 계속 사용하면 그 기관을 강화시키고, 사용하지 않으면 그 기관을 퇴화시킨다는 것이다.

예를 들면 나뭇잎을 뜯어 먹기 위해 항상 목을 늘어뜨리는 기린은 결국 목이 늘어나게 되었고, 물장구를 치기 위해 발가락을 합쳐 움직이던 물오리는 결국 발가락이 붙게 되었다는 논리가 대표적이다.

둘째는 "획득형질유전설"(獲得形質遺傳說)이다. 그는 19세기 후반에야 비로소 그 의미를 부여받게 되는데, 복잡화 경향과 외부환경의 작용에 의해 개체의 변이(變異)가 자손에게 유전된다는 것을 설명하였다.[15]

예를 들면 라마르크는 '뱀은 왜 발이 없는가'에 대해서 「동물철학」에서 다음과 같이 설명하고 있다.

뱀은 원래는 발을 가지고 있었으나, 좁은 곳을 통과하려고 여러 번 반복해서 움직이는 사이에 동체가 가늘고 길게 변형되었다. 그러나 가늘고 긴 몸으로 전진하기 위해서는 다리로 보행하는 것이 불편해서 몸에 적합한 운동방법이 필요하게 되었다. 그 결과 뱀은 움직여 나가기 위한 근육을 발달시켜 사용하지 않게 된 발은 점차 퇴행하고 현재의 모습을 가지게 되었다.

라마르크의 진화론은 환경에 의한 도태보다는 생물주체의 적응방법에 무게중심이 놓여 있다. 이와 같은 그의 사고방식은 다윈적 진화론과는 대조적이라고 해도 좋을 것이다.

주지하는 바와 같이 라마르크가 주장한 획득형질의 유전은 생물학 가운데서 현재는 부정되고 있다.[16] 그러나 뒤에 다윈의 진화론에 막대

---

15) 이 부분은 "생물학전문연구정보센터[BioWave(http://bric.postech.ac.kr/webzine)], 2003년 1월호 참조.
16) 에가시라(Susumu Egashira, 江頭 進), "진화경제학의 권장"(進化經濟學の すすめ), 2002, 講談社. p. 23. 참조.

한 영향을 준 것은 의심할 여지가 없다.

진화론과 창조설의 주장

라마르크의 진화론 주창은 그 당시 종교사회에 커다란 충격을 주었다. 그 뿐만 아니라 자연과학의 발전에 있어서는 중요한 계기가 되었다. 그가 수도승으로서의 교육을 받았음에도 불구하고 신에 의한 창조설을 부정했기 때문이다.

그 후 다윈의 진화학설이 발표되고 나서는 로마 카톨릭교회는 "만물은 신의 창조 이래 변화하지 않고 있다"라고 하는 기독교 교의(敎義) 하에서 진화론을 부정했다. 로마 가톨릭교회로부터 여러 가지 저항을 받은 뒤에 비로소 진화론이 보급되었다는 것은 라마르크와 같은 선구자들의 노력이 컸다고 볼 수 있다.

한편으로 생물학 분야에서 완전히 부정되었던 획득형질의 유전이라는 사고방식은 오늘날 사회과학에서 오히려 살아남아 있다. 왜냐하면 생물의 유전은 생물의 의사와는 무관하게 완전히 유전자에 관련되는 화학반응인데 비해, 사회에 있어서 지식의 전달에는 인간의 의사가 간섭하는 것이 가능하기 때문이다.

이것이야말로 '사회진화론'의 실마리를 제시하는 대목이기도 하다. 어느 개인이 얻은 지식은 자기의 후대 사람들에게 말이나 집필(서적 저술)을 통해 적극적으로 전달할 수가 있고, 또 반대로 그 지식을 버릴 수도 있다.

이와 같은 사회적유전의 특징은 많은 사회과학자들로 하여금 라마르크적인 진화론을 유용하다고 생각하게끔 하고 있다.

맬서스의 자연도태설

맬서스의 인구론

맬서스(Thomas Robert Malthus, 1766~1834)는 「인구론」(1798)에서 식량은 산술(等差)급수적으로 늘어나지만, 인구는 기하(等比)급수적으로 늘어나 과잉인구로 인한 식량부족 상태를 피할 길이 없다는 주장을 하여 큰 반향을 불러 일으켰다.

그에 따르면 인구는 자연 그대로 두면 성욕본능에 의해서 기하급수적으로 증가하는 반면에 폭발적인 인구를 먹여 살릴 식량은 한정된 토지자원과 토지의 '수확체감의 법칙' 때문에 산술급수적으로 밖에 증가하지 않는다. 따라서 인구와 식량간의 균형을 도모하는 방법은 출생률을 감소시키기 위한 도덕적 억제를 강화하여 경제적으로 능력이 있을 때까지 결혼하지 않는 길 밖에는 없다고 주장했다.

이는 큰 반향을 일으켰으며 나중에 인구론은 임금기금설(賃金基金說)의 기본적 사고의 윤곽을 제공했다고 볼 수 있다. 이 인구론의 원리는 빈민문제를 사회변혁에 의해서 해결하고자 하는 진보사상에 대결하는 것으로서, 정통학파 경제학의 기반이 되었을 뿐만 아니라 다윈의 진화론 등에도 영향을 주었다.

맬서스사상이 진화론에 미친 영향

여기서 다시 조명하면, 영국해군의 측량선인 비글호에서 다윈이 조사연구의 성과를 마무리하려고 할 때, 진화에 관한 영감(inspiration)을 갈라파고스 섬에서 얻었다고 회상하고 있으나, 사실은 맬서스의 「인구론」에서 얻었다고 전해진다.

그러나 진화라는 사고방식은 맬서스에서 시작된 것이 아니다. 예컨대 18세기의 언어학자이며 법률가인 윌리엄 존스, 18세기 스코틀랜드의 사상가이며 지질학자인 제임스 허튼(James Hutton), 혹은 자연법사상의 기초를 만들어 낸 여러 학자들에게 진화사상은 널리 알려져 있었다.

다만 그들 학설에서 중심을 차지하는 것은 점진적 혹은 누적적 변화로서의 진화론이다. 이는 많은 사물이 조금씩 변화를 누적적으로 쌓아 가면서, 누군가가 설계한 것이 아님에도 불구하고 누군가가 설계한 것보다 더 복잡한 것이 된다는 사상이었다.

맬서스는 원래 기독교의 수도승이었다. 「인구론」은 익명으로 집필하였음에도 불구하고 좋은 평판과 나쁜 평판을 동시에 얻으며, 그는 시대를 대표하는 사회학자로서 일약 유명인이 되었다. 맬서스는 애덤 스미스나 데이비드 리카도와 나란히 고전학파경제학의 중요 인물로 부각되었다.

진화론에 대한 맬서스의 최대 공헌은 '자연도태'라고 하는 개념을 발견한 것이다. 그는 「인구론」에서 빈곤이나 불평등이라고 하는 사회 문제는 식료품생산 증가가 인구 증가에 따라갈 수 없기 때문에 야기되는 것이라고 주장했다.

흔히 '맬서스의 법칙'이라고 불리는 이 주장은 미국이나 유럽의 사례를 인용해서 설명한 후, 곡물생산에 대한 원조와 구빈법(救貧法)의 단계적 폐지 및 피임을 옹호했다. 그는 빈곤 등의 사회문제는 결코 사적 소유권 등의 사회제도에 의해서 야기되는 것이 아니라 자연의 섭리에 의해서 주어지는 것이며, 사회개혁에 의해서 근본적으로 해결되는 문제가 아니라고 보았다.

맬서스는 초기의 사회주의자였던 윌리엄 고드윈(William Godwin, 1756~1836; 영국 사회철학자)의 주장을 비판하기 위해서 이 책을 저술했으나, 심각한 사회문제를 끌어안고 있었던 초기의 자본주의 시스템을 긍정하는 것처럼 보였기 때문에 그의 주장은 그 이후의 사회주의자, 특히 마르크스주의자의 공격의 표적이 되었다.

종(種)의 기원이 일으킨 반향

찰스 다윈의 종의 기원(On the Origin of Species)

「종(種)의 기원」이 1859년 찰스 다윈(Charles Robert Darwin, 1809~ 1882; 영국 생물학자)에 의해서 발표되었을 때 원제목은 「자연도태에 의한 종의 기원에 관해서」였다. 다윈은 이 책을 통해 현대의 생물진화론 정립에 독보적인 공헌을 하게 된다.

다윈은 1825년에 에든버러 대학 의학부에 입학했으나 중퇴하고, 1828년 케임브리지 대학에서 신학을 공부하여 1831년에 졸업했다. 소년시절 그는 학교공부보다 야산에서 사냥과 낚시를 즐겼다고 한다. 어릴 때부터 동식물에 관심이 많아 신학과 졸업 직후, 케임브리지 대학 시절에 교분을 맺어 놓았던 식물학 교수 헨슬로의 권고로 1831년 22세 때 해군 측량선 비글호에 박물학자 자격으로 승선하여 세계일주 여행을 떠난다.

그리하여 남미에서 남태평양에 이르는 섬과 뉴질랜드, 오스트레일리아에 이르는 해양지역에서 5년간의 조사탐험의 여행을 계속했다. 남태평양 섬들, 특히 갈라파고스(Galapagos; Islas Galapagos; '홀딱 반한 섬'이라는 뜻을 가진 스페인 말)제도에서 동식물의 상(相)이나 지질(地質) 등을 세심히 조사하여 훗날 진화론을 제창하는 데 결정적인 기초자료들을 모았다.

갈라파고스섬들은 적도를 끼고 서경 89°와 92° 사이에 있는 남태평양상의 에콰도르 영토(에콰도르의 22번째 州)인데 크고 작은 13개의 섬과 다수의 암초로 형성되어 있다. 총면적은 8010㎢이며 인구는 2만 5000명(2010)이고, 연간 방문하는 관광객 수가 10만명에 이르고 있다. 2018년 현재 갈라파고스제도는 세계 관광지 50 중에서 33번째로 올라 있다. 육지(에콰도르의 몬타 市)로부터는 965km 떨어진 곳에 위치하고 있는 회산섬들로[17] 주도(土島)는 이사벨라섬, 산크리스토발섬이다. 이곳이 유명세를 탄 이유는 바로 다윈의 생물진화론의 흔적이 생생하게 남아 있는 인류 역사적 현장이기 때문이다.

다윈은 귀국 후 1839년에 여행 중의 관찰기록들을 엮어서 「비글호 항해기」를 출판하는 한편, 항해 도중에 들렀던 갈라파고스제도에서의 조사결과에 대해 연구를 계속했다. 그리하여 생물의 종(種)이 변이(變異)하는 것을 확신하고 있었던 다윈은 1859년 「종의 기원」(On the Origin of Species by Means of Natural Selection or the Preservation of Favoured Race in the Struggle for Life; '자연도태에 의한 종의 기원에 관하여')을 발표하였다.

---

17) 갈라파고스 제도의 역사를 보면 매우 흥미롭다. 1535년 스페인 신부 토마스 데 베를랑가가 무인도인 이 섬들을 발견하고, 스페인 영토로 귀속되어 그 후 고래, 바다사자의 사냥기지로 이용됐다. 1832년에 에콰도르가 영유권을 선언하였고, 1835년에 다윈이 이곳에 정박, 진화론의 영감을 얻는다. 1942년에 미 해군기지를 구축했고, 1949년에 이를 반환하게 된다. 1959년에 에콰도르 정부는 이곳을 국립공원으로 지정하고 다윈 재단을 설립했으며, 1978년에는 유네스코 세계유산으로 지정을 받는다. 에콰도르는 갈라파고스 보호관리특별법을 제정하고 2003년에는 에콰도르 정부가 외부유입동물 전면통제법을 제정하여 세계유산 보존에 힘을 기울이고 있다. 또 2005년에는 국제해양기구에서 이곳을 특별관리해역으로 지정하여 오늘에 이르고 있다.

그는 맬서스의 「인구론」 가운데 생물진화를 결정하는 요소, 즉 자연도태의 개념의 발견을 통해 영향을 받았고 라마르크, 맬서스, 다윈이라고 하는 근대진화론의 원류(源流)를 이루었는데, 이들은(다시 1865년 유전에 관한 법칙을 발견한 그레고르 멘델까지도) 모두 기독교와 관계있는 사람들이었다.

기독교가 신에 의해서 만물이 창조되었다고 하는 기본원리를 뒤흔들게 한 사람들을 탄생시켰다는 것은 역사적으로 아이러니한 일이 아닐 수 없다. 이렇게 해서 다윈은 맬서스로부터 자연도태라는 개념을 얻어냈고, 라마르크로부터는 획득형질유전론을 얻게 되었다. 그리하여 다윈은 종(種)의 변화는 다양화와 도태의 결과라는 이론을 도출했다.

이렇게 출판된 「종의 기원」은 찬반양론을 불러일으키면서 순식간에 베스트셀러가 되었다.

1860년 진화론에 관한 논쟁이 옥스퍼드 대학에서 일어나 헉슬리와 후커 등의 지지로 다윈의 견해가 인정을 받게 되었다.

다윈과 헉슬리가 활발하게 활동하는 동안 오스트리아의 수도승이며 식물학자인 그레고르 멘델(Gregor Johann Mendel, 1822~1884; '멘델의 법칙'으로 유명)은 "생명체는 자신이 물려받지 않은 어떤 유전자도 후손에게 물려 줄 수 없다"라고 주장함으로써 다윈의 진화론에 한계를 그었다.

갈라파고스섬의 생태계와 그 진화

다윈에게 진화론의 실마리(端緖)를 제공했던 갈라파고스섬. 적도선 상에 위치하여 수백만년 동안 고립의 길을 걸으며 독특한 고유의 생태 계를 형성하고 간직해 온 갈라파고스제도의 생태계는 복잡하다. 먼저 이들 생태계를 분류·나열하면 다음과 같다.

갈라파고스제도의 생태계

육상포유류 및 벌·나비		동물			식물			
		파충류		육상조류	선인장과	국화과	종자식물(고유속)	
쥐	6종	코끼리거북	14종	다윈핀치새 14종	3속 8종	목본식물(스칼레시아속) 14종	국화과	4속
박쥐	2종	육지도마뱀	2종				선인장과	2속
벌	1종	바다도마뱀	1종					
나비	8종	용암도마뱀	7종	(54 페이지의 [그림1] 참조)			오이과	1속
		도마뱀붙이	6종					

※ 이들 섬에는 현재 700여종에 이르는 생명체가 살아가고 있다. 이 가운데 파충류, 포유류, 조류들의 80%가 이곳에 서만 볼 수 있는 '고유종'이다.

갈라파고스섬의 생태계 특징은 대륙에서 멀리 떨어져 있기 때문에 생물들이 이동하기 어렵다는 것이다. 그래서 군도 안에서 독자적으로 생물진화가 진행되었다. 먼저 갈라파고스의 유명한 핀치새(finch; 참 새科의 작은 새, 부리가 두꺼운 검은방울새 및 부리가 날카로운 휘파람새의 두 종 류가 있다)의 예를 들어 보기로 하자.

다윈은(친구 존 구르드와 함께) 갈라파고스제도를 순찰하면서 14종류나 되는 핀치새의 부리 모습을 관찰했는데, 새의 부리가 각각 다르게 생겨 있었다. 각각의 부리들은 단단한 나무열매를 먹기에 편리하게 생겼고, 또 어떤 것은 곤충 또는 나무속 깊이 들어 있는 유충 따위를 파먹는데 알맞게 길고 뾰족하게 생겨 있다는 사실을 발견했다.

거기서 다윈은 다음과 같은 가설(假設)을 세우게 된다. '갈라파고스 섬에서 서식하고 있는 생물들은 현재 많은 변종(變種)을 보이고 있으나, 원래는 토종으로 이어 오던 큰 섬 가운데 살고 있던 한 종류에서 그 기원을 가지고 있다. 그리고 이 종(種)은 살아남는데 성공한 종으로 굉장히 큰 집단이었다. 수가 많으므로 집단 내부에 변종을 일으키는 유전적 가능성이 높아지게 된다' 라는 것이었다.

이 종은 오랜 세월동안 다른 먹이를 먹는 여러 종으로 다양화되어 갔다. 다윈 학설이 흥미 있는 점은 이 다양성에 의해서 그 종이 생존하는 가능성이 커진다고 지적하고 있는 점이다([그림 1] 참조).

다윈핀치새의 진화

진화론의 결정적인 힌트를 제공한 다윈핀치새(Darwin finch ; 현재 갈라파고스제도에 살고 있는 핀치새를 이와 같이 총칭하고 있다)의 경우 다양화된 후에 어떤 지형적인 변동에 의해서 분단되어 버린 작은 섬에서 생

[그림 1] 갈라파고스 핀치새의 진화(14종)

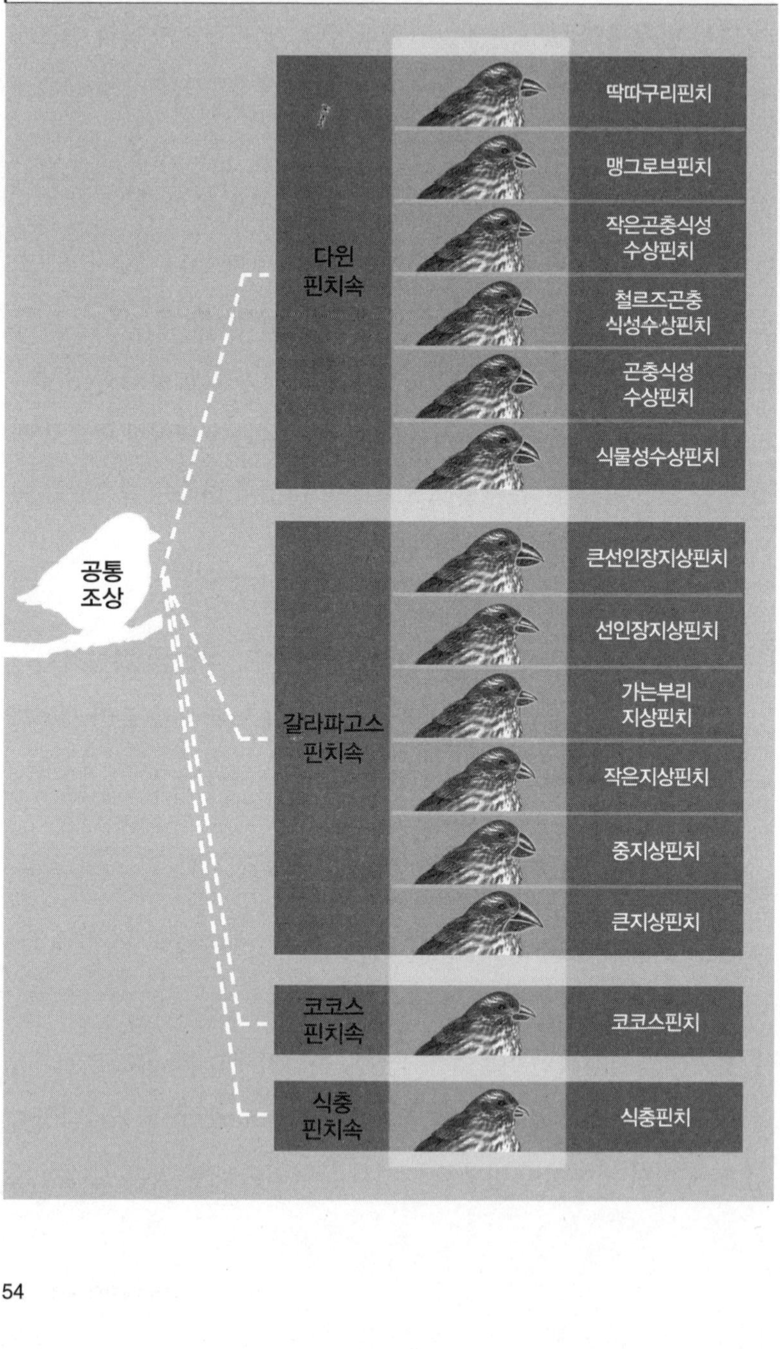

딱따구리핀치

맹그로브핀치

작은곤충식성
수상핀치

철르즈곤충
식성수상핀치

곤충식성
수상핀치

식물성수상핀치

다윈
핀치속

큰선인장지상핀치

선인장지상핀치

가는부리
지상핀치

작은지상핀치

중지상핀치

큰지상핀치

갈라파고스
핀치속

코코스
핀치속

코코스핀치

식충
핀치속

식충핀치

공통
조상

존경쟁을 거듭 넓혀가게 되었다.

핀치새는 비행능력의 한계 때문에 섬을 왕복할 수 없었고, 결과적으로 각각 섬의 먹이환경에 적합한 것만이 살아남게 되었다. 각자의 섬에서 살아남은 종(種)은 다시 변종을 생성해 낼 정도로 수가 증식되지 않고 그 형태가 현재에 계승되어 온 것이다.

예를 들면 큰부리핀치새는 땅핀치새, 나무핀치새, 선인장핀치새 등 14가지 아종(亞種)으로 나누어진다.

핀치새는 한정된 먹이 때문에 각 섬의 먹이에 따라 부리 모양이 달라져 14종으로 진화했다. 선인장 꽃을 먹기 위해 부리가 길고 뾰족하게 발달한 선인장핀치새, 씨앗을 까먹을 수 있도록 단단한 부리를 가진 그라운드핀치새 등 환경에 알맞게 변화한 종만이 살아남는 적자생존의 원리를 핀치새의 부리모양을 통해 알 수 있다([그림 1] 참조).

갈라파고스 동물(파충류)의 진화

2006년 5월 9일 KBS 1 TV에서는 연속특집 시리즈 "환경스페셜(지구탐험 대탐사)", 제2편 「적도생명의 보고(寶庫) – 갈라파고스섬」을 상세히 소개하여 우리에게 생물생태계의 진화현장을 생생하게 보여줌으로써 큰 감동과 충격을 준 바 있다.

에콰도르 서쪽 965km 떨어져 있는 이들 섬은 13개의 큰 섬과 작은 암초들로 형성돼 있으며, 화산암으로 이루어진 수백만년의 시간을 거슬러 생명의 탄생과 진화를 보여주는 생물생태계의 역사적 현장이다. 또한 이곳은 해조식물 서식의 보고(寶庫)이기도 하다.

독자들의 이해를 돕기 위해 이날 방송에서 보도된 내용들을 요약하면 다음과 같다.

먼저 갈라파고스에서도 가장 특이한 생명체로 알려진 도마뱀인 바다이구아나(iguana)는 육지의 부족한 먹이를 해결하기 위해 수백만년 전 바다를 건너와서 이곳에서 새로운 세계를 개척했다. 이구아나는 원래 중앙아메리카의 이구아나와 같은 조상이다.

바다이구아나는 해저 깊은 곳까지 10분 동안 잠수질이 가능하며, 발톱은 바위에 오르기 쉽도록 뾰족하게 생겼고 피부는 검다. 해수 밖에서 체온이 36℃ 이상 오르면 일어나서, 해조류를 먹기 위해 바다로 들어가거나 바위 위에 오르기도 한다. 그야말로 이 섬은 파충류의 천국이다.

이들은 오랜 기간 동안 이곳에서 뿌리를 내리고 환경에 적응해 가거나 때로는 대결하면서 '진화'를 거듭해 오고 있다.

여기에 비해 육지이구아나는 '그린(green)이구아나'라고 불리는데 가시를 제거한 선인장을 먹고 살아간다. 갈라파고스에는 먹이가 적기 때문에 이들의 먹이쟁탈전은 매우 치열하다.

또 다른 종인 잡종이구아나는 수컷 육지이구아나와 암컷 바다이구아나의 교배에 의해 태어난 도마뱀이지만 번식력이 없다. 그래서 이들은 섬육지에서 초식 위주로 살아가고 있으며, 어린 이구아나의 천적은 매와 독수리이다. 독수리가 하늘에 나타나면 도망친다.

갈라파고스섬은 화산활동의 결과로 생성된 섬들로, 13개 섬들의 중앙에 있는 산타크루즈섬은 기존의 난류 외에도 한류가 흐르고 있어 생태계가 다양하게 분포되어 있다. 섬 위쪽 초원지대에는 거북이가 살고 있고 아래쪽에는 식물대를 형성한다.

이곳의 자이언트거북은 체중이 290㎏이나 되며 코와 다리가 코끼리를 닮았다 하여 '코끼리거북이'라고도 불린다. 수명은 150년이며 체온을 조절하기 위해 물을 좋아하고 한 번에 1㎏ 이상의 물을 마신다. 거북의 등껍질과 목, 다리 등은 수백만년의 격리 생활 때문에 각 섬마다 모양이 다르다.

산림이 우거진 산타크루즈섬 거북은 목이 짧고, 건조한 지역의 안장거북은 높은 나무열매를 따먹기 위해 기린처럼 긴 목을 가졌다. 거대한 몸으로 살아남기 위해 환경변화에 따라 생김새를 변화시키고 환경적응을 해 온 진화능력이 멸종하지 않고 살아남을 수 있었던 자이언트거북의 생존비결인 것이다.[18]

갈라파고스제도에는 4개의 난류와 한류가 지나간다. 따라서 각종 플랑크톤이 풍부하여 다양한 물고기 어종을 생성하고 있다. 수온은

18) 2006. 8. 25. 영국 BBC방송과 2006. 10. 25. 조선일보 "특파원 리포트"에 의하면 갈라파고스섬은 지금 '생태계 관광산업' 중심지로 발전하면서 에콰도르 본토에서의 이주민이 증가하고, 각종 육지 생물들(원숭이, 쥐 등)이 반입되어, 환경훼손은 물론, 외래종의 토종 동식물에 대한 악영향을 우려하는 목소리가 높다. 또한 조선일보(2007. 1. 17.)에 의하면 이곳을 찾은 연간 외부 관광객 수는 1980년대 연간 4만명에서 현재는 10만명으로 크게 늘었다고 한다.

15℃~29℃로서 생존하기에 알맞고, 열대와 한대의 다양한 어종과 수중생물들이 먹이사슬을 형성한다.

이 해안가에는 상어가 10여종 서식하며 고래상어는 전체 몸길이가 18m나 된다. 핀치새들은 돌고래가 물고기떼를 둥근 원으로 모아서 한 곳으로 몰고 가면 이들을 쫓아가서 잽싸게 고기를 낚아챈다.

일반적으로 현재 생존하는 생물의 많은 종(種)들이 공통의 조상으로부터 진화하여 왔다면, 조상 종(種)은 둘 이상의 종으로 분기하는 과정을 빈번히 반복하여 왔음에 틀림없을 것이다. 그 분기과정을 '종의 형성' 또는 '종의 분화' 라고 한다. 종의 발생 원인에 관한 문제는 생물 진화의 기본과정을 이해하는 데 반드시 필요하다.

갈라파고스섬의 사례를 그림과 함께 설명하면 [그림 1]에 그 모델이 제시되어 있다. 어떤 생물집단(개체군)이 지리적으로 연속하여 분포하고 있던 단계에서 어떤 원인(예; 지각운동 또는 화산활동)에 의해서 지리적으로 분할되어 나누어지게 됨으로써 격리(유전자교류가 단절) 되어 각각의 지역에서 별도의 자연선택(도태) 압력이 주어지게 된다.

분포지역이 합쳐지더라도 잡종형성(교배)이 불가능할 정도로 분기되어버린 경우를 이소적(異所的; 앨로패트릭) '종의 형성' 이라고 한다. 생물집단을 분리시키는 요인으로는 대륙이동, 도서화, 빙하형성, 대양섬으로의 이주 등을 들 수 있다. [그림 1]은 이소적 '종의 형성' (진화) 의 사례인 갈라파고스의 핀치새의 예이다.

이에 대해 동소적(同所的; 심패트릭) '종의 형성' 은 집단의 지리적 분단 없이 분기가 일어나는 경우이다. 어느 한 종에서의 자손이 구조, 체질, 습성에 있어서 분기(갈라짐)하는 것이 많으면 많을수록 자연히 다수의 여러 가지 다른 장소를 차지하는 것이 되어, 그에 따라 개체수를 증가시켜 나갈 수 있게 된다.

다양하고 복잡하게 발달하는 쪽이, 역으로 생존이라고 하는 관점에서는 유연성이 풍부하다고 하는 사고방식은 현대적인 관점에서 보아도 중요한 것이다.

획득형질의 유전은 인간사회 시스템에서도 이루어지는가?

다윈의 자연도태론은 "모든 생물이 반드시 살아남을 권리를 보장받을 수 있는 것은 아니다" 라는 매우 충격적인 메시지를 우리에게 던진다.

이 대목은 다윈이 맬서스의 「인구론」에서 영감을 얻었다고 알려져 있는데, 바로 인구론의 기본원리이다. 다윈이 「종의 기원」을 출판한 직후, 그 당시 유럽에서는 대규모의 공황을 겪고 있었고, 영국에서 시작된 산업혁명은 프랑스와 독일 그리고 미국까지도 진행되어 서유럽사회는 급격하게 진보하고 있는 것처럼 보였다.

그러나 한편으로는 경제공황의 사이클이 점차 단축되고 있었고, 또다시 빈부격차가 확대되어 사회 불만과 사회 불안정을 야기하게 되었다. 다윈의 진화론이 강력한 반발 속에서 서유럽사회에 서서히 확산됨으로써 평가를 받게 된 것은 이런 시대적 배경이 있었기 때문이라는 주장도 나오고 있다.

이 당시 다윈의 영향이 매우 크게 작용한 점은 인정하지만, 그 이전의 모든 진화에 관한 사고방식이 소멸된 것은 아니다. 획득형질(獲得形質)[19]은 생물학에서 중요한 주제였다.

예를 들면 획득형질이 유전된다는 생각은 다윈 직후에 영향력이 있었던 독일 진화생물학자 에른스트 헥켈(Ernst Heinrich Philipp August Haeckel, 1834~1919, 독일 생태학자)에 의해서도 지지받았다. 그는 생물이 생체로 된 후에 획득되는 형질은 후세에 유전되는 경향이 있다고 주장했다. 즉, 생물은 적극적으로 환경에 적응하여 형태를 변경시키고, 그것이 후대에 유전되어 아들이나 손자도 자신들이 처한 환경에 적응하려고 한다는 것이다. 헥켈은 이와 같은 누적적 변화야말로 진화의 역사라고 생각한 것이다.

---

19) 획득형질(획득형질; acquired character)이란 생물이 일생 동안 환경의 영향에 의해 얻은 형질을 말한다. 생물의 유전적 형질(선천성 형질)에 대해 후천성 형질이라고도 한다. 예컨대, 본래 키가 큰 식물이 고산(高山)에 적응하여 키가 작아진 것 등이 그것이다. 획득형질의 유전에 관한 논쟁은 일찍이 히포크라테스와 아리스토텔레스로부터 시작되었으며 19세기 초 라마르크에 이르러 그는 그의 진화론에서 획득형질의 유전을 긍정하고, 예컨대 기린의 목이 긴 이유를 용불용설(用不用說 ; 사용하는 기관은 발달하고, 사용하지 않는 기관은 퇴화한다)로 설명하였다. 19세기 다윈과 헥켈도 획득형질의 유전에 대해 긍정적이었다. 특히 다윈은 그의 유전 이론에서 환경이 변화하면 생식세포의 변화로 새로운 형질이 나타난다고 서술하고 있다. 그러나 19세기말에서 20세기에 걸쳐 유전을 부정하는 설도 활발하여, 1885년 독일의 A. 바이스만은 생식질연속설에서 다음 대를 구성하는 생식세포 외에, 체세포가 받은 환경의 영향은 유전과는 관계없다고 주장하고, 실험적인 예로 쥐의 꼬리를 여러 세대에 되풀이하여 잘라도 변화가 없음을 들었다. 그러나 1930년대 후반에 옛 소련의 T. D. 루이센코는 환경에 대한 적응을 중시하여 획득형질의 유전을 긍정했으며, 접목잡종을 예로 들었다. 오늘날 분자 수준에서 유전정보의 전달 구조가 밝혀져 획득형질의 유전문제를 분자 수준에서 해석하려는 움직임이 있다.

생물학에 있어서 이와 같은 획득형질의 유전에 관한 학설이 부정된 것은 유전자의 발견에 의해서 이루어지는 경우가 많다. 어떤 생물의 외적형태를 전한다는 것은 외견(外見) 자체가 아니라 설계도라고 할 수 있는 유전자인 것이다.

완성된 건축물 위에 무엇인가를 얹어 놓고 보더라도 설계도 자체가 바뀌는 것이 아닌 것처럼 생물의 외견이 그의 생애 동안에 어떻게 변화하더라도 유전자에 영향이 없는 한 후대에는 전해지지 않는다.

그럼에도 불구하고 사회과학의 논의 가운데 획득된 형질이 그것을 획득한 개체뿐만 아니라, 다른 개체에도 계승되어 간다는 사고방식이 뿌리 깊이 남아 있다. 그것은 사회에 있어서 진화의 주체가 인간이며, 인간에게는 이성적인 '학습'이 가능하다는 생각과 깊이 관련되어 있다.

예컨대 경제학자이며 철학자인 프리드리히 하이에크(Friedrich August von Hayek, 1899~1992; 오스트리아 경제학자이며 신자유주의사상의 원조)는 다음과 같이 서술하고 있다.

"사회진화에 있어서 결정적인 요소는 개인의 물리적 그리고 유전적 속성의 도태가 아니라, 성공하고 있는 제도나 습관의 모방에 의한 도태 때문이다. 이것도 개인이나 집단의 성공을 통해서 작용하지만, 드러나는 것은 개인의 유전적 속성이 아니라, 사고방식과 기술 —요컨대 학습과 모방에 의해서 전하여 내려오는 문화유산 전체인 것이다."

(F. 하이에크, 「자유의 조건」, 氣賀健三 · 古賀勝次郎 共譯, 春秋社)

또한 "…(전약) 이러한 제도적 진화과정에 대한 인식은 이미 이분법적 사고가 형성되던 시기에도 있었지만 이분법적 사고틀에서 설명하려는 시도로 인해 이런 진화적 성격을 가진 영역을 명확한 구분 없이 비자연적인 것, 인위적인 것으로 간주하게 된 것이다. 이러한 혼란은 주로 이성의 역할을 높이 평가한 데카르트적 합리주의에서 비롯되었는데, 하이에크는 이러한 사상흐름을 반박" 하였다.[20]

여기서 하이에크는 사회제도나 관습이 집단뿐만 아니라, 개인에 있어서도 계승되어 내려오는 것임을 암시하고 있다. 또한 도쿄 대학의 후지모도 교수(藤本隆宏; 산업조직론)는 기업 내의 지식의 발달과 그 유지에 대해 서술하면서 다음과 같이 사회시스템진화론의 특징 하나를 들고 있다.

"…(전약) 생물의 유전자는 환경으로부터 학습되지 않는 것으로 보는 것이 통설이지만(획득형질의 부정), 사회시스템에 있어서 일상 업무(routine)는 바로 학습효과의 축적(stock)이며, 그러한 의미로는 유전자의 단순한 아나로지(analogy)는 쓰이지 않는다."

(藤本隆宏, 「생산시스템의 진화론」, 有斐閣, 1997년)

여기서 요점은 사회진화론 가운데에서는 생물학 중에 부정되어진

---

20) 전도일, 경제이론발달사, 1999, p. 210.

획득형질의 유전을 생각하는 방식이 아직까지도 중요한 위치를 차지하고 있다고 하는 것이다. 그 하나의 계기를 만든 사람이 허버트 스펜서이다.

또 한편으로 진화론은 마셜이나 베블렌 같은 다수의 경제학자들에게 영향을 미치게 되었다. 이 책에서 다루는 몇 명의 경제학자들도 다윈의 계보와 연결되는 사람이라고 생각해도 무방하다.

진화론 자체는 여러 갈래의 계보를 가지고 있지만 근대적 진화론의 출발점은 다윈이며, 사회과학에 있어도 다윈을 제외하고는 이야기를 시작하기가 불가능하기 때문이다.

스펜서의 사회진화론

스펜서의 생애

허버트 스펜서(Herbert Spencer, 1820~1903, 영국 철학자, 사회학자)는 영국 더비(Derby) 출생으로 비국교회계인 감리교(Methodist) 집안에서 태어났다. 아버지는 교사이고 학교 경영에도 관여했는데, 아버지(Georgy)와 숙부 토마스(Thomas)는 스펜서의 개인주의, 반권위주의, 반성직자주의적인 성격형성에 결정적인 영향력을 미쳤으며, 이러한 양상은 빅토리아왕조시대의 중산층에서 흔히 볼 수 있는 전형적인 예라고 할 수 있다.

스펜서는 당초 런던 버밍엄 철도 기사로 일을 시작했는데, 28세 때에 신문기자로 전직하여 「에코노미스트」지의 부편집장으로 일하면서 토머스 칼라일(Thomas Carlyle, 1795~1881; 영국 평론가 겸 역사학자. 스코틀랜드 청교도 출신)이나 토머스 헉슬리(Thomas Henry Huxley, 1825~1895; 영국 생물학자) 등과 교분을 가졌다.

뒷날에 보여주는 스펜서의 「바람강기」(博覽强記)는 이 시기의 다양한 교류관계를 내용으로 하여 집필되었다.

스펜서는19세기 영국의 전형적인 자유주의자로 보이지만, 이렇게 생각할 경우에는 좀 더 유의할 필요가 있다. 그의 생애에 산업혁명은 끝나가고 있었고 의회제도도 확립되어 있었으나, 유럽의 대다수 국가에서는 아직 봉건적 중앙집권 사회가 잔존하고 있었다.

스펜서는 자유방임을 주장했지만 이것은 당시의 상식으로 국가가 시장으로부터 착취하는 것에 대한 반대로서 제기된 것이었다. 초기의 저작에서 스펜서는 자유방임 외에 토지국유화, 여성의 사회적 지위보호, 청소년 보호 등 오늘날과 같은 자유주의에서도 지나치게 논란되지 않는 주장을 제기하고 있으나, 이것은 시대적 맥락 속에서 생각하면 이해가 된다.

중년 이후에 스펜서는 진화론의 본격적인 연구가로서 명성을 얻어가고 있었다. 생애를 마치기 직전인 1902년에 그는 창설된 지 얼마 되지 않은 노벨문학상 수상자로 지명되기도 했다(실제 수상자는 독일 로마 역사 연구가 데오도르 몸젠이었다).

그러나 사회적 명성에 비해서 스펜서는 오랫동안 병상에 누워 있었고, 경제적으로도 어려웠던 것 같다. J. S. 밀 등 친구로부터 도움을 받으면서 1903년 12월, 83세를 일기로 이른 바 '종합철학'의 완성에 일생을 바쳤다.

스펜서의 적자생존(適者生存)사상과 사회진화론

스펜서의 가장 큰 업적은 다윈의 생물진화론을 확대하여 세계의 '기본법칙'으로 생각했다는 점이다. 앞에서 고찰한 바와 같이 진화론 그 자체는 본래 도덕철학이나 경제학에서 생성된 개념이었으나, 다윈의 자연도태설에 기초를 두면서 생물학 이외의 방대한 경험적 증거를 바탕으로 해서 후세의 연구가들에게 커다란 영향력을 주었다. 이 점에서 스펜서의 지위와 공적을 인정하지 않을 수 없다. 실질적으로 그 당시 스펜서는 다윈의 진화론을 일반 관계자들에게 유행시키는 데 큰 기여를 했다.

"스펜서는 '진화'라는 단어에 대해서 적극적인 의미를 부여했을 뿐만 아니라, '적자생존'(適者生存)이라고 하는 단어를 만들어 낸 것으로 알려져 있다. 다윈이 이 용어를 「종의 기원」의 개정판에서 사용했던 것으로도 알 수 있듯이, '적자생존'이라는 단어는 진화론의 한 측면을 분명하게 하고 있다.

그러나 '적자생존' 이라는 단어는 확대 해석되는 위험성을 처음부터 내포하고 있다. 이러한 사고방식으로부터 자연도태의 결과 살아남은 종(種) 혹은 개체는 멸망한 종보다 우수한 것이며, 거기에 또한 자연도태를 받기 이전 것보다 도태의 세례를 받은 몫만큼, '진보' 한 것이라고 생각하는 사고방식이 생기게 된 것이다.

특히 스펜서가 진화론을 적극적으로 사회에 적용하려고 한 결과, 사회 내에서의 생존경쟁에 패한 사람들은 세계법칙에 의해서 당연히 도태된 것이라고 결론이 도출되기에 이르렀다.

예를 들면 스펜서는 빈곤이나 경제적 불평등의 존재를 수긍하고 있다. 이것은 그가 빈곤이나 불평등은 인간이 항거할 수 없는 세계의 섭리에 따른 것이며, 우리의 사회가 보다 나은 쪽으로 전진해 나가기 위해 필요한 것이라고 생각했기 때문이다.

이와 같은 '진보' 사상에 기초한 불평등용인론(不平等容認論)은 스펜서보다 반세기 정도 앞서 일찍 활약한 경제학자 애덤 스미스의 「국부론」(The Wealth of Nations; 1776년) 가운데에서도 발견되어, 나중에 하이에크나 프리드먼과 같은 20세기 경제학자들에 의해서도 채택되었다."[21]

---

21) 에가시라, 앞의 책, p. 37에서 인용.

사회적 유기체설

스펜서의 사회적 유기체설과 사회진화 사상

스펜서는 '진화'를 이 세상 만물에 공통되는 '만유법칙'으로 생각했기 때문에 온갖 종류의 진화론을 당연한 논리로 적용시키려고 했다. 그 결과 사회에 있어서 '무엇이 진화하는 것인가'라고 하는 구체적 포인트가 매우 애매하고 사회진화논리의 초점이 흐려지는 결과를 초래한다.

스펜서는 사회를 다수 인간의 집합에 의한 유기체(사회적 유기체)라고 생각하였다. 이 사회적 유기체는 다수 인간의 관계에 의해서 구성되어 있어, 정해진 형체나 규모를 가지지는 않는다.

한편으로 스펜서는 사회적 유기체가 하나의 인격으로서 행동하고, 개개인의 자유를 억압하는 것을 부정했다. 이것은 국가가 개인의 자유로운 활동에 간섭하는 것에 대해 스펜서가 반대하고 있었기 때문이다.

사회적 유기체와 국가와의 관계 – 꽁트와 슈판의 학설

사회유기체사상은 19세기 말에 이르러 아우구스트 꽁트(Auguste

Comte, 1789~1857; 프랑스 실증주의 철학자)와 오트마르 슈판(Othmar Spann, 1878~1950; 오스트리아 사회학자, 경제학자, 철학자)에 의해서 제기되었다.

꽁트는 사회전체를 하나의 유기체로 보고 이를 유기체적으로 재조직함으로써 산업혁명 이후에 발생한 여러 가지 사회문제를 해결하고자 하였다. 꽁트는 그의 「실증철학 강의」 여섯 권 가운데 제5권(1841년 3월)의 '사회철학사 부분'에서 사회진보를 결정하는 3요인 즉, 지식, 물질 및 도덕 가운데 가장 중요한 것을 '지식'이라고 보고 이 지식의 진보를 3단계로 나누어 그 중 마지막 세 번째 단계가 '실증과학의 단계'라고 규정했다.

꽁트의 이러한 사회유기체적 사상에서 이어지는 사회개혁 사상은 스펜서의 자유방임 주장과는 대립된다. 꽁트에 의한 사회유기체사상은 국가사상과 일치한다고 생각할 수 있다.

꽁트는 프랑스 남쪽의 도시 몽펠리에(Montpellier)에서 가톨릭 계통의 귀족 집안에서 태어났으나 14세 때에 가톨릭 신자임을 거부하고 공화주의자가 되었다. 1814년에 에꼴 폴리테크닉(Ecole polytechnique)에 입학하여 2년 동안 당대의 저명한 과학자들에게 지도를 받으면서 '사회는 과학 엘리트들에 의해서 조직되어야 한다'는 신념을 가지게 되었다.

한편 슈판은 독일 낭만주의 사회관을 계승하여 보편주의적 사회관을 전개했다. 슈판에 의하면 "개인은 보편적으로 전체로서의 공동체의 한 부분이며, 전체는 부분으로 이루어진 '유기체적 구성체'이다"

라고 설명했다. 그는 구체적으로 중앙집권적 관료통치를 대체하는 신분적 공동체로서 '직분국가'를 제창하였다.

오스트리아 빈에서 태어난 슈판은 빈·취리히·튀빙겐 대학에서 공부했으며 1919년에서 1938년까지 빈 대학 교수를 역임했다. 그는 보수주의적 철학가, 사회학자 및 경제학자였는데 그의 사회관은 사회를 관계성의 관점에서 인식하려고 하는 점에서 스펜서와 동일하다.

그러나 슈판의 경우는 독일정신 및 기독교정신에 기초하여 형성된 공동체의 가치관이 보편성을 가지고 있으며, 그 밑에서 국가를 포함한 사회적관계가 구성되지 않으면 안 된다고 생각하였다. 따라서 사회적 가치는 개인에게도 국가에게도 우월한 것이 된다.

슈판의 이러한 사회학이론은 그 당시 파시스트(fascists)들에 의해서 열렬한 환호를 받았다. 그의 사상은 제1차 세계대전 후 오스트리아의 독자적인 파시즘(fascism)으로 전개되며, 「사회철학」(Gesellschaft-sphilosophie, Germany, 1932) 등 많은 저서를 남겼다.

여기에 대해서 스펜서는 사회적 유기체라고 하는 명확한 정의는 내리지 않고, 개인의 행위의 결과로서 발생되는 관계성에 지나지 않는다고 보았다. 그는 「사회학원리」(1882~1898)에서 강제적 협동에 바탕을 둔 군사형 사회로부터 자발적 협동에 바탕을 둔 산업사회로 변한다는 유명한 '사회진화법칙'을 방대한 자료의 뒷받침으로 기술했는데, 이는 다분히 산업혁명에 따른 사회진화에 영향을 받은 것이다.

결국 스펜서는 사회진화가 사회를 구성하는 개개인의 진화에 불과한 것이며, 사회진화는 국가의 의도에 따라서 이루어지는 것이 아니라 개인의 정신적 발달에 의해서 이루어진다고 생각했다. 다시 말하자면 그의 사회적 유기체설에서 사회진화는 개인에서 사회로 향하는 일방적인 흐름에 지나지 않는 것이다.

생물진화와 사회진화의 차이점

생물진화와 사회진화의 큰 차이점은 진화의 방향에 있어서 전자는 일방향적인데 반해 후자는 쌍방향적이라는 점이다.

"생물학에 있어서는 개별적 개체가 후천적으로 획득한 형질은 다음 세대에 전달되지 않는다. 그러나 사회의 경우에는 진화의 주체를 개인에게 두었을 때, 개개인이 획득한 여러 가지 다양한 정보가 다른 사람들에게 전달되게 된다.

또한 이 경우 어떤 정보를 다른 사람에게 전달한 개인에게 다른 사람으로부터 별개의 정보를 전달받는 경우도 있기 때문에 개인 간의 관계는 쌍방향적인 것이 된다. 생물진화에 있어서의 정보전달은 이전 세대에서 다음 세대로 한 방향으로 흐른다.

그러나 다윈이 「종의 기원」에서 논한 생물진화는 계통발생론적인 관점에 입각한 것이다. 진화는 종(種)의 유전정보의 전달과 그 과정에서 발생되는 변이(變異)와 도태(淘汰)에 의해서 이루어지는 것이며, 그런 의미에서 전체론적인 것이 된다.

최근에는 '종'(種)이 실제로 많은 다양성을 가지고 있어서, 진화의 단위로 적절하지 않다고 말한다. 거기서 '종'(種)보다는 다양성이 적은 '팀'(team)이라는 그룹을 생각할 수 있다. 종종 오해하고 있는 점인데, 군도태(群淘汰; group selection)란 이 팀에 대한 도태를 말한다."[22]

스펜서는 자생적으로 생성된 전체구조(사회적 유기체)가 개개인에게 영향을 미치는 것을 부정하였다. 그는 진화에 있어서 단순한 것에서 복잡한 것으로, 소종(少種)에서 다종(多種)으로 그 방향이 불가역(不可逆)의 과정을 따른다고 믿고 있었다.

그런데 실제로는 이들 진화에 개별적인 개체 간을 넘나드는 정보전달이라고 하는 사고가 결여되어 있다고 보았고, 따라서 스펜스는 사회진화론이 점진적인 변화의 누적 이상의 것이라고는 생각하지 않았던 것 같다.

스펜서의 영향

우리가 살펴본 바와 같이 스펜서는 19세기 후반의 진화론을 일으킨

---

22) 에가시라, 앞의 책, p. 43에서 인용.

한 사람인데 그의 사상은 외국에 자유주의사상의 기초로서 확산되었다. 또한 학문으로서의 그의 영향은 19세기 말 이후의 경제학자, 사회학자들의 연구에서 여러 형태로 고찰되고 있다. 신고전학파경제학의 원조 가운데 한 사람인 알프레드 마셜(Alfred Marshall, 1842~1924; 영국 현대경제학의 주류인 케임브리지학파의 창시자)은 스펜서의 학설을 비판했고, 사회에서 생성되는 집단적 의식이 개개인의 사고를 크게 지배하는 것을 지적한 에밀 뒤르켐(Emile Durkheim, 1857~1917; 프랑스 기능주의론 사회학자) 등은 스펜서의 영향을 많이 받았다.

다음은 그 중 한 사람인 베블렌의 제도진화론을 고찰해 보고자 한다.

베블렌의 제도진화론

베블렌(Thorstein Bunde Veblen, 1857~1929; 미국 제도학파경제학의 창설자)은 1857년 노르웨이에서 이민 온 집안의 아들로 위스콘신 주 케이트에서 출생했다. 소년시절은 주로 미네소타의 농촌에서 보냈다.

베블렌의 생애는 비교적 단순하지만 그의 생각과 사물에 대한 관찰력은 대단했다. 1880년에 칼튼 칼리지를 졸업한 후 존스홉킨스 대학 및 예일 대학에서 수학했으며, 1884년에 박사학위를 취득하고 시카고 대학, 스탠포드 대학, 미주리 대학 등을 전전하며 교수와 연구생활을 계속하였다.

베블렌은 고전학파경제학의 여러 주장들을 비판적으로 해부함으로써 자신의 사회학적인 논리와 이론적 입장을 정립한 학자이다. 그에 의하면 고전경제학이 구성해 놓은 법칙이라는 개념들은 '시간성'을 배제한 일반화에 지나지 않는다고 배격하고, 그 대신 인간의 경제행위도 다른 인간행위와 마찬가지로 그것이 형성되어진 사회적 맥락에 입각하여 분석되어야 한다고 주장했다.

고전경제학의 공리주의적이고 초역사적인 법칙을 거부한 베블렌은 새로운 경제학, 즉 '역사적'이고 '진화적'이며 적극적인 인간개념에 기초한 경제학을 주장했다. 그는 경제행위의 역사적 과정을 뒤르켐이나 스펜서처럼 '진화론'적으로 파악했으며 사회진화란 본질적으로 기존에 형성된 습관을 더 이상 허용하지 않는 환경의 압박에 대한 개인들의 정신적 순응과정으로 이해한 것이다.

베블렌은 진화현상에 관하여 물질적 생산수단을 다루는 기술에 있어서의 변화가 누적적인 변동과정을 통해 진화를 생성한다고 주장했다. 이것은 인간의 사회관계와 문화가 기술에 의하여 형성된다는 점을 입증하는 것이다. 즉, 인간은 항상 본능을 가지고 있지만 이들 본능에 의해 야기된 습관은 물질적 환경이 제공하는 변화에 따라 변하는 것으로 보았다.

베블렌은 1899년에 출판한 「유한계급론」(The Theory of the Leisure Class)이 베스트셀러가 되어 유명인이 되었으나, 비사교적인 성격 때문에 대학에서는 정당한 평가를 받을 수가 없었다.

베블렌의 경제학 비판

베블렌은 미국의 사회와 경제사상에 관하여 예리한 비판을 하였으며, 제도경제학연구의 창시자라는 점에서 공헌은 매우 크다 할 수 있다. 그 가운데 한 가지 사례를 든다면 당시 학계에서 영향력을 가지고 있었던 마셜의 경제학을 염두에 두고 다음과 같이 비판했다.

"경제학은 항상 노력을 아끼지 않고 사실을 다루고 있다. 그러나 이러한 현실주의는 경제학을 진화과학으로 만드는 일은 없다. 데이터에 관해서 무관심하기 때문에 역사학파의 최초 세대에 의해서 도달된 정점 이상의 곳까지는(현재의 경제학이) 도달할 수가 없게 될 것이다."

「경제학은 왜 진화경제학이 아닌가」, 1898년)

"베블렌은 경제학이 현실 문제를 다루고자 한다면 시대를 통해서 일구어진 누적적 변화를 연구대상으로 하지 않으면 안 된다고 생각했다. 당시 주류경제학은 효용함수와 생산함수의 존재를 전제로 하여, 순간적으로 사회가 일정한 균형상태에 도달하는 것을 상정하고 있었다.

이러한 의미에서 주류경제학은 무시간적(無時間的)이며 정적인 것이다. 거기에는 '역사'가 개입할 여지는 없고, 다만 이론만이 지배하고 있을 뿐이라고 말할 수 있다.

그러나 우리가 살고 있는 사회에는 시간이 존재한다. 모든 것은 프로세스(과정 過程) 가운데에 있으며, 더구나 이 프로세스에는 균형의 존재, 혹은 균형으로 향하는 경향이 있다고 결정되어 있는 것은 아니다.

주류경제학에도 균형으로의 조정이 순간적으로는 종료하지 않음을 고려한 사고방식이 있으나 그럼에도 균형이라는 존재를 부정하지는 않는다."[23]

베블렌은 주류경제학의 기본 틀인 효용함수나 생산함수의 형성 그 자체는 전혀 문제시 않고 그 존재를 전제(가정)하고 있다는 데 문제를 제기한다. 주류경제학의 관점에서는 현실의 사람들이 다양한 소비수단을 가지는 데 있어서 설명하기가 어려운 대목이 있다.

예컨대 어떤 의복이 유행하고 있을 때 다른 의복은 전혀 팔리지 않는 이유, 또한 얼핏 과잉사치로 보이는 의복이나 보석이 점점 팔려나가고 있는 이유 등은 무엇인가. 아침 출근 전철 안에서 보면 청소년에서 중년에 이르기까지 온통 진(jean)바지가 유행하고 있는데, 점심때 백화점의 다른 한 편에서는 여자용 드레스가 점점 화려하게 만들어져 진열되는 것은 무슨 이유에서 일까 등 상반된 현상들을 어떻게 설명할수가 없다.

이러한 현상은 단순히 개개인의 선호에 관한 것이라고 배제할 문제가 아니다. 왜냐하면 사람들의 소비는 그가 살고 있는 사회의 유행, 습관, 관습, 문화 및 시대성에 영향을 받아서 이들이 소비심리에 크게 반영되기 때문이다.

---

23) 에가시라, 앞의 책, p. 46에서 인용.

베블렌의 유한계급론(The theory of the leisure class)

　베블렌은 기술적 경제적 영역에서 개인이 차지하고 있는 위치가 그의 관점과 사고방식을 결정하는 것이라고 주장하면서, 기술변화에 따른 환경의 압박에 적응하는 계급과는 달리 도피처를 구하는 사회계급은 변화하는 상황에 대해 그러한 사회변화를 지연시키는 경향이 있다고 지적했다.

　이러한 계층의 환경적응 차이는 필연적으로 극한대립, 즉 기업과 산업, 소유권과 기술, 금전적 직업과 산업적 직업 간에 상품을 만드는 자와 돈을 버는 자, 노동기술과 판매기술 간의 대립이 발생한다고 보았다. 특히 베블렌은 산업적 직업의 영역에 위치한 자와 금전적 직업의 영역에 위치한 자는 매우 상이한 태도와 습관을 지니고 있다고 생각했다.

　그는 사람들의 행위, 선호를 결정하는 사회적인 짜임새(틀)를 '제도'라 정의했다. 그의 말을 빌리면 "'제도'란 사람들이 총체에 공통적인 것으로서 정착한 사고의 습관"과 같은 것이다.(「현대문명에 있어서 사회의 지위」, 1919년)

　베블렌은 사회에서 진화하는 것은 이 사고의 습관이라고 본다. 그의 대표작 「유한계급론」(The theory of the leisure class)에는 '제도의 진화에 관한 경제학적 연구'(An economic study in the evolution of institutions)라는 부제가 붙어 있다. 그는 진화란 사람들이 환경에 적응하는 과정이며, 그 적응을 위해 사람들이 사고의 습관을 변화시켜 가고 있는 것이라고 보았다.

베블렌은 그의 「유한계급론」에서 다음과 같이 지적하였다.

"금전적 직업은 주로 눈에 거슬리는 품성과 성향을 요구하고, 그것
을 사람들 사이에 보존시키기 위하여 선택적으로 행동한다. 반면에
산업적 직업은 주로 불쾌하지 않은, 또는 경제적인 제도를 수행하고
그것을 보존하고자 노력한다."

즉, 금전적 참여자는 "물활론(物活論 또는 정령설 精靈說)적 경향"
(animistic bent)[24]을 띠기 쉬우며 때때로 투기적인 조작에 의한 행운에
의존하려는 사람들인 반면에 산업적 직업에 참여한 사람들은 합리적
인 사실에 근거한 사고를 하도록 강요받는 존재이다.

베블렌의 이러한 시각은 사회경제적 유한계급들, 기득권자에 대한
혹독한 비판과 기술자에 대한 찬양으로 이어진다. 나아가서 그는 인
류의 더 나은 진화는 산업적 기술이나 기계적 과정에 참여함으로써 훈
련된 정신을 소유한 자들에게 의존하게 될 것이라고 주장한다.

기술의 엄밀한 결과에 복종하는 습관이 금전적 직업에 종사하는 자
들의 '약탈적인' 생활방식과 마술적이고 물활론(物活論)적인 사고방
식을 누르고 보편적인 것이 될 때에야 비로소 더 나은 진화적 발전을

---

24) 물질에도 생명과 영혼·마음이 있다는 범심론(汎心論)의 한 학설. 그리스의 자연철학자 탈레
스에서 비롯되었다. 즉, 만물유생론(萬物有生論). 다시 말해서 자연계의 사물에 영혼이 깃들어
있다는 원시 세계관, 영혼을 생명의 기본으로 삼는 사상.

기대할 수 있다는 것이다. 이와 함께 그는 유한계급이 자신들이 차지한 높은 지위를 상징화함으로써 경쟁 속에서 이익을 얻으려는 여러 수단들을 분석하였다.

베블렌에 따르면 과시적 소비는 이런 사람들이 이웃을 능가하여 그들로부터 높은 평가를 얻어내려는 대표적인 수단이다. 그는 봉건사회의 경우 이러한 경쟁적 표현의 독특한 소비양식이 사회적 피라미드의 맨 위층인 유한계급에만 국한되어 있었으나 최근에는 이러한 양식이 전 사회구조에 스며들고 있다고 주장한다.

각 계급은 그들의 능력이 허락하는 한 자기보다 나은 지배계급의 생활양식을 본받고 이러한 상황은 결과적으로 현재에 있어서 과거보다 생활수준이 향상된 하위계급이 상대적으로 더욱 가난해졌다고 느끼게 되는 결과를 낳는다는 주장이다. 즉, 현대세계에서 인간을 경제적으로 활동하게 하는 것은 저축성향이나 교환거래성향이 아니라 그의 이웃을 능가하려는 성향 때문이라는 것이다.

그는 사회변화와 관련하여 앞선 기술과 낡은 제도 간의 충돌과정에서 새로운 기술이 기존의 사상을 부식시키고 유한계급 같은 기득권을 붕괴시키며 새로운 제도를 생성시킨다고 생각하였다. 또한 사회변화가 자국의 성장에 의한 발전보다는 기술적 기능을 도입할 때 더 효과가 있다고 지적한다.

다른 사회로부터 기술을 도입해 올 경우 그것이 발전하고 사용되는 과정에서 그 주위를 에워싸고 형성되었던 다른 주변적 문화요소들을 떼어 버릴 수 있는 이점이 있다는 것이다.

78

베블렌은 19세기말 영국과 같은 기술 지원국(수출국)은 기술 자체가 여전히 낡은 제도에 의해 억압되고 방해를 받는데 비해 독일과 같은 기술 수혜국(수입국)은 기득권과 마찰을 일으키지 않고 변화된 상황에 완전하게 적용할 수 있었다고 본다. 이것이 바로 베블렌이 주장한 '선두주자의 벌금'(the penalty of taking the lead)이다.

베블렌의 「유한계급론」에는 앞에서 고찰한 바와 같이 하나의 행동 원리인 '약탈'이 등장한다. 그는 이 '약탈'이 시대마다 형태가 변화되어 나타나며, 여러 가지 다양한 제도를 생성한다고 생각했다.

물건제작본능에 따라 기술혁신이 일어나고, 사회가 풍요롭게 되면 내일의 생존문제를 걱정하지 않아도 되는 소수 집단이 탄생하게 되는데, 이 집단이 유한계급이라는 것이다.

유한계급은 생산노동을 하지는 않아도 되지만, 그 반면에 사회적으로 고급스럽게 보이는 일거리가 약속된 계급이었다. 이러한 계급에 속하는 사람들은 고대 아테네의 시민이 그랬던 것처럼 스스로가 살아가기 위한 양식을 벌어들이기 위해 노동하는 것을 경멸 또는 꺼려했고, 전쟁이나 정치, 종교 같은 비생산적인 부분에 즐겨 참여했다.

특히 시장경제사회에 있어서 유한계급의 소비양식은 '현시적 소비'(顯示的 消費 또는 誇示的 消費)라고 하는 형태를 취한다. 이것은 살아가기 위해 반드시 필요하지 않은 소비, 타인에게 과시하기 위한 소비인 것이다.

예를 들면 여성의 드레스가 점점 우아하고 아름다워지는 것은 베블렌에 의하면, 여성을 소유하려는 남성의 현시적 소비에 지나지 않기 때문이다. 베블렌의 여성미의 진화에 관한 논의는 매우 흥미롭다.

본래 여성은 생산노동의 일부에 편입되어 있었으나 유한계급이 지배하는 시대의 초기에는 그 계급에 속한 여성은 생산노동으로부터 해방됨과 동시에 생산노동에는 도움이 되지 않는 미적 의식만을 가지게 되어, '연약하고 섬세하게, 그리고 투명하게 보이는 모습을 그러나 위험할 정도로 야윈 몸매' 가 된다(중국의 남송〈南宋〉 이후 유행했던 여성의 전족〈纏足〉[25]은 그 전형일 것이다).

말하자면 기사도 정신(바로 약탈적 정신의 전형이다)의 대상이 되는 로맨틱한 여성상인 것이다. 여성이 무능력할수록 남성의 경제적 여유를 상징하는 것이 되는 셈이다.

그러나 이와 같은 미의식은 경제가 발전함에 따라 다시 변화한다. 산업이 고도로 발달한 사회에서는 육체적으로 당당하고 뚱뚱한 귀부인이 이상형으로 여겨진다. 왜냐하면 충분히 생산력이 발달한 사회에서는 노동으로부터 해방된 무능력한 여성을 소유하는 것은 그만큼 경제적으로 부유하지 않기 때문이며 현시적(과시적) 소비의 대상으로 하기에는 도움이 되지 않기 때문이다.

"유한계급에 속하는 사람들은 자신이 그 계급에 속하고 있다는 것

---

25) 옛날 중국의 남송(南宋)시대에서 비롯된 제도인데, 여자의 발을 작게 만들기 위해 어릴 때부터 여자아이의 발을 헝겊으로 옥죄어 감아 놓고, 발이 자라지 못하고 크지 않도록 하는 풍습을 말한다. 최근까지도 중국에서 유행하였다.

을 나타내기 위해서 차차 독자적인 습관을 만들어 나가고 있다. 예를 들면 식사의 독특한 작법(作法)을 고안해 보거나, 의복의 유행을 차차 바꾸어 보거나, 자기들끼리 자기들을 찬상(讚賞)하기 위해 훈장을 만들 기도 한다.

또한 어느 때에는 지적 공헌을 과시하기 위해 대학을 만들어 보거나 (베블렌이 소속되어 있던 대학의 대부분은 그러한 유한계급에 의해서 설립 되었다), 자선활동을 하기도 한다. 가난한 사람에게 베푸는 것은 부유 한 계급의 최고의 상징이 되기 때문이다.

이와 같은 사고습관은 유한계급 이외의 사람들에게도 영향을 준다. 유한계급에 속하는 사람들은 대부분의 경우 사회의 문화계 혹은 산업 계의 지도자급 인사들이기 때문이다. 그들의 사고와 습관은 유한계급 이외의 다른 사람들의 사고나 행위의 모델이 되어 행복관에도 영향을 준다. 하층계급의 사람들은 상층계급 사람들의 행동양식을 이상적인 것으로 생각하고, 그것을 모방하기 위한 돈을 벌기 위해 한층 더 생산 활동에 힘쓰게 된다.

베블렌의 목적은 그가 살았던 '황금광시대'(黃金狂時代)의 미국의 실태를 밝히고 그 원리를 폭로하는 데 있었다. 당시 미국에서는 몇 번 이나 장기불황을 거쳐서 살아남은 기업이 서서히 다른 약소 기업들을 흡수하여 독점적 지위를 획득해 가고 있는 중이었다.

거기에서 발생된 자본의 집중은 미국사회에 커다란 빈부격차를 발 생케 했으며, 사회 전체의 생산력 향상과 더불어 신흥 유한계급을 탄생시키고 있었다.

「유한계급론」은 이와 같이 미국사회에 대한 통렬한 비판으로 부각
되고 있었다. 그러나 베블렌의 책이 단순히 사회비평에 그치지 않는
것은 여러 가지 사회 시스템이 인류 역사 가운데의 일반적 원리, 즉 물
건제작본능과 약탈표현형의 한 형태임을 밝혔기 때문이다. 이러한 의
미에서 베블렌의 연구는 과학적인 것이다."[26]

제도주의경제학의 탄생

19세기 후반, 미국 경제학 내부의 조건들은 유럽 경제의 흐름, 즉
역사학파의 귀납적 · 경험적 방법을 중심으로 하는 정통경제학의 일
반적 부적절성 탐구 등과는 판이하게 달랐다.

"제도주의경제학[27]의 이론적 배경은 개인적 심리학에 입각한 고전
학파의 쾌락주의 철학을 반대하여 탄생하였다. 제도경제학은 통일된
이론체계를 가지고 있지 않기 때문에 각 학자의 이론적 배경은 다소
상이하지만 포괄적으로 다음과 같은 특징을 가지고 있다.

① 쾌락과 고통은 비교계산 할 수 있다는 것을 전제로 할 경우 개인

---

26) 에가시라, 앞의 책, p. 52-53에서 부분 인용.

심리학에 기초를 둔 전통적 경제학의 기계적 세계관을 타파하고, 집단심리학 혹은 행동심리학을 기초로 하는 유기적 세계관을 취한다.

② 경제생활에 있어서 제도의 역할을 강조하며, 제도의 합리적 진화과정의 연구를 중요시한다. 이 경우 제도란 인간 본래의 성향과 외적 환경과의 상호제약에 의해서 형성된다.

③ 연역적 분석방법을 배제하고 귀납적·역사적 분석방법을 취하며, 동시에 실천과학 즉, 역사, 문화인류학, 정치학, 사회학, 철학 및 심리학 등의 성과를 받아들인다.

④ 여러 이해의 대립투쟁을 인정하고 동시에 사회개량주의적 해결의 가능성을 믿는다. 베블렌의 기술주의적 사회개혁사상 및 커먼즈의 합리적 자본주의로의 평화적, 집단주의적 이행설 등은 이를 나타내고 있다."[28]

제도주의경제학(Institutional Economics)은 19세기 후반 베블렌

---

27) 제도주의경제학(Institutional Economics)이란 주류경제학에 대한 비판적인 경제학파의 주장이다. 정통경제학과는 달리, 제도주의경제학은 사회질서를 하나의 진행과정으로 보면서, 조건은 계속 변하고, 인간 생태도 변하며, 기술도 진보되고, 자원의 가용성에 대한 새로운 지식도 나타나고, 제도화된 행동규범도 변화한다고 본다. 제도경제학에서는 경제과정의 기본적인 요소로 기술, 제도, 자원, 인간으로 분류한다. 그리고 이러한 요소들은 경제과정을 거쳐서 상호작용 하에서 동태적으로 변환된다고 보는 것이다. 진화경제학과 연관되는 분야이다. 제도주의경제학은 1930년대 이후 베블렌(Thorstein Veblen)과 커먼즈(John R.Commons) 등 미국의 여러 경제학자들에 의해서 창시되어 발전되어 오고 있다.

28) 전도일, 앞의 책, p. 354에서 인용.

(Thorstein Bunde Veblen)에 의해서 창시되었고, 커먼스(John R. Commons), 미첼(Wesley C. Mitchell), 에이레스(Clarence E. Ayres), 그리고 갈브레이스(John K. Galbraith ; The Age of Uncertainty, 1977), 벌리와 민스(Berle and Means ; The Modern Corporation and Private Corporation, 1932) 등이 발전시킨 미국경제학이며, 전통이론경제학에 대한 20세기의 가장 중요한 비판사상에 의해서 구성된 경제학이다.

여기서 베블렌의 연구는 진화경제학의 기념비적인 위치를 차지함과 동시에 제도학파라고 불리는 새로운 학파의 출발점이 된다. 특히 베블렌의 바로 직계인 케네스 갈브레이스는 캐나다 출신 경제학자로서 「불확실성시대」(The Age of Uncertainty, 1977)의 저자인데, 그는 "현대 시장사회에 있어서 소비자의 선호는 상품의 공급 측에 의해서 이루어지는 부분이 크고, 각자가 자기 의사에 기초해서 자유로운 선택을 한다는 것은 환상에 지나지 않는 의존효과"라고 주장한다. 베블렌에서 시작되는 제도학파를 거래비용이론에 기초한 이론을 전개한 그룹(신제도학파)과 구별해서 이를 구제도학파라고 부르기도 한다.

경제학연구의 중심이 유럽대륙으로부터 미국으로 옮겨 가고, 수리경제학과 계량경제학이 전성기를 맞이하고 있는 가운데 '진화경제학'이라고 하는 이름이 사람들에게 알려지게 된 것은 1982년의 리챠드 넬슨과 시드니 윈터에 의해서 출간된 「경제변화의 진화이론」(Richard Nelson and Sydney Winter, "An evolutionary Theory of Economic Change", Cambridge, MA ; Belknap Press, 1982)의 공적에 힘입은 바가 크다. 여기에 관한 설명은 제6장에서 전개할 것이다.

하이에크의 질서진화론

자생적질서론과 자유주의 사상

진화론적 학설을 고찰하는 마지막 순서로 하이에크의 이론을 간단히 정리하여 설명하고자 한다. 하이에크(Friedrich August von Hayek, 1899~1992)는 현대경제학자 가운데 특히 열렬히 진화론을 연구한 인물이다.

하이에크는 1899년, 오스트리아의 빈에서 동물학자의 장남으로 태어났다. 1919년에 빈 대학 법학부에 입학해 졸업 후에는 정부의 비상근직을 거쳐서 1927년에 오스트리아 경기순환연구소의 초대 소장에 취임하였다.

1931년에 영국의 LSE(London School of Economist and Political Science)의 교수로 초빙 받은 하이에크는 때마침 대불황을 배경으로 하여 자본이론과 경기순환론의 저작을 발표하였다. 제2차 세계대전 후 1950년부터 미국 시카고 대학 교수였고, 1962년 독일 프라이부르크 대학으로 옮겼다.

화폐적 측면과 생산구조상 실물적 측면의 양면에서 '상대가격체계 변동'이 경기변동을 발생시킨다는 그의 이론은 집합량의 변화에 기초하고 있어 마이크로적 분석을 하는 케인즈 경제학과 대조를 이룬다.

이로 인해 하이에크 – 케인즈 논쟁은 유명하며, 하이에크는 케인즈

의 라이벌 경제학자로 널리 알려져 있었다. 그런데 1936년 케인즈가
「고용·이자 및 화폐의 일반이론」을 출판함에 따라 하이에크의 이론
은 과거의 것이 되고 말았다.

그러나 케인즈이론이 퇴조하면서 하이에크이론은 마침내 부상하
게 되었고, 이전에 주장했던 '중립화폐론'에 이어 1977년 '화폐의 비
국유화론'을 주장하였다. 아울러 그는 자유사회와 자유경제를 더욱
발전시키기 위한 '신자유주의'를 역설하였고, 1974년 노벨경제학상
을 수상했다.

하이에크는 1944년 「예종(隷從)에의 길」(The Road of Serfdom,
Chicago, 1944)을 발표해 자유주의 사상가로서 주목을 받게 된다. 제2
차 세계대전의 방아쇠가 되었던 나치 독일의 등장이 독일 특유의 상황
에 의해서가 아니라, 다른 유럽 제국에서도 커다란 흐름이 되고 있었
던 사회주의사상에서 기인한 것임을 지적한 그의 주장은 찬반양론을
불러일으키는 계기가 되었다.

확실히 영국이나 오스트리아 등에서도 기독교계 사회주의운동의
일부는 파시즘사상과 연결되어 있다는 것이 사실이었다. 그러나 복지
국가적인 사상까지도 파시즘과 동일한 뿌리라고 하는 그의 주장은 유
럽에서는 받아들여지지 않았다.

하이에크에 따르면 시장경제와 이를 뒷받침하는 '자생적질서'를
이해하는 데 있어, 중세에 지배했던 반상업적 사상(예컨대 부정적 이자
관, 이윤의 금기사상 등)은 고대 아리스토텔레스 사상으로부터 영향을 받
은 결과이다. 하이에크는 이러한 오류는 바로잡아져야 되며 도덕, 자

유, 정의 및 사유재산과 같은 제도는 인간이성의 산물이 아니라 문화적 진보과정에서 '자연스럽게' 형성되어 온 것들이라고 생각했다.[29]

자생적질서의 진화와 도태

시장경제와 사회주의 경제체제를 이해하는 데 있어서 하이에크는 질서의 개념으로부터 출발한다. 사회구성원들 간에 행위의 조정기능을 담당하고 있는 질서는 크게 두 개의 유형으로 나누어진다. 그 하나는 '자생적질서'(spontane Ordnung)이며, 다른 하나는 '설정된질서' (gesetzte Ordnung)이다.

하이에크는 1950년 여러 가지 사정으로 미국으로 건너가 시카고 대학 교수로 부임되고 거기서 「자유의 조건」(The Constitution of Liberty, 1960, Chicago)을 출판한다. 이 저서에서 그는 사람들의 행위의 상관관계 결과로서 발생하는 사회적 패턴(자생적질서)의 중요성을 지적하고, 자생적질서를 국가가 설계주의적으로 개조하든가 폐지하든가 하는 것에 대해서 비판했다.

하이에크는 복지국가 가운데에는 정부의 역할이라고 하는 많은 부

---

29) F. A. von Hayek, "치명적 자만 - 사회주의의 오류"(The Fatal Conceit - The Errors of Socialism:, 1988), p. 9. 조 순 외, "하이에크 연구", 1995, p. 18-20 참조.

분이 실제로는 자생적질서하에서 달성 가능하며, 특히 경제에 있어서는 시장의 질서(카탈락시⟨catallaxy⟩; '교환한다' 또는 '적을 친구로 바꾼다'라는 의미의 그리스어원이다)의 귀결을 존중하는 것이 필요하다고 주장하였다.

이러한 하이에크의 주장은 「법 · 입법 · 자유」(Law, Legislation and Liberty, The University of Chicago Press, 1973), 「치명적 자만」(The Fatal Conceit; The Errors of Socialism, London, 1988)에서도 이어져 내려오고 있다. 이들의 일련의 저작 중에서 중요한 역할을 다한 것이 "지식과 질서의 진화"였다. 하이에크가 사회진화론 가운데 이 지식의 개념을 가지고 들어온 것이다.

하이에크에 의하면 자생적질서는 생물학적 유기체의 형성과 유사하다. 즉, 우리는 유기체의 구성요소(예; 세포나 신경조직 등)를 의도적으로 배치하여 유기체를 만들 수는 없으며, 그것이 생성될 수 있는 조건(예; 온도나 습도)만을 마련해 줄 수 있을 뿐이다. 사회적 영역에서 형성되는 자생적질서도 이와 마찬가지이다.

즉, 사회내부에서 그 구성인자가 되는 사회구성원 하나하나의 역할과 기능을 일정한 설계에 따라 배치함으로써 사회라는 유기체가 생성되는 것이 아니라, 최소한 근대문명사회에서는 개체의 자율영역을 보장하기 위한 조건(제도적 틀)만을 마련해 주어야 한다는 것이다.

여기에서 생성되는 질서가 '자생적질서'이다. 그리고 시장경제체제하에서 이러한 자생적질서는 인간 행동에 영향을 미치는 '동일한 준칙'이 작동한다고 보았다. 인간행동을 규제하는 이 보편적 준칙은

① 상황의 유사성 ② 인습상의 규제 ③ 문화전통의 보편성 등에 의해서 만들어진다고 하였다.

그런데 이 같은 하이에크의 사상은 그의 생애가 점차 후반에 들어섬에 따라 사회진화론의 특질도 변화하게 된다.

하이에크의 사회진화론은 그의 생애 중 저작 가운데에서 변화하고 있다. 「자유의 조건」에서 하이에크는 사회진화는 생물의 진화와는 별개의 것이며, 생물학의 아나로지(analogy; 유사성/유추성)를 사회과학 가운데 사용하는 것을 거부하고 있다. 여기서는 개인이 획득한 지식이 전달되어 가는 것과 사회질서의 진화가 병행되어 가는 것으로 묘사되어 있다. 이러한 의미에서 이 당시의 하이에크의 논리는 스펜서에 가깝다.

그런데 그가 만년이 되면서 오히려 질서의 도태 방향에 무게중심을 옮겨놓기 시작한다. 「치명적 자만」에서는 자유로운 삶에 대한 은혜는 개인의 레벨에서 이해되지 않고, 어떤 질서에 쫓아서 살아가는 집단의 인구가 증가 하는가 아닌가 만이 파악된다고 주장한다.

따라서 개인에 있어서는 형편이 좋지 않거나 살아남기 어려운 형편 등으로 자생적질서에 정부가 간섭할 필요가 없게 된다. 이것은 형편을 어렵게 만드는 질서는 진화론적 과정(process) 속에서 도태되기 때문이다. 또한 하이에크는 시장이야말로 가장 많은 사람들이 참가할 수 있는 자생적질서라고 생각했다.

그런데 이것은 이미 개인주의적이 아니라 전체론적인 것이다. 이런 의미에서 만년의 하이에크는 보다 더 생물학적 진화론에 가까운 입장을 취하게 되었다고 말할 수 있다.

진화론의 남용

하이에크의 사회진화론은 인간의 지식, 제도(자생적질서), 그리고 자연도태라고 하는 3가지 사고방식을 종합했다는 의미에서 사회과학 연구에 새로운 지평을 열었다. 그러나 하이에크는 진화론적인 설명에 기초한 자생적진화론 가운데, 정부에 의한 경제간섭에 대하여 자유시장의 우월성을 주장했다.

앞서 서술한 바와 같이 진화론을 정확하게 해석한다면 살아남은 쪽이 도태된 쪽보다 우수하다고 말할 수는 없다. 그렇게 말할 수 있는 것은 살아남은 쪽이 도태의 기준이 된 쪽에 대해서 중립적이었다고 말하는 것에 지나지 않기 때문이다.

따라서 사회주의에 대한 자유주의, 혹은 정부간섭에 대한 자유시장의 우월성이라고 한 것이 일반적으로 말해지는 것은 아니다. 하이에크는 이런 의미에서 진화론을 '남용' 하고 있었던 것이다.

제 3 장
지식의 진화

지식의 정의[30]

지식이란 무엇인가? 지식은 한 마디로 표현할 수 없는 다양한 형태로 존재한다. 학교에서 가르치는 지식, 과학자가 발견한 지식, 나이 든 사람이 인생을 살아오는 가운데 터득한 체험적 지혜, 장인(匠人)이 오랫동안 훈련을 통해서 획득한 기능 등 다양하다.

지식의 유형에 관해서는 토니 로슨(Tony Lawson; 아일랜드의 National University of Ireland 경제학과 교수, 경제방법론학자)은 「경제학과 실제」(Economics and Reality)에서 지식을 크게 명시적 지식과 암묵적 지식, 의식적 지식과 무의식적 지식의 2개 그룹으로 분류했다. 그

---

30) 江頭 進, 『進化經濟學のすすめ』2002, 講談社. p.119.

내용을 요약하면 다음과 같다.

명시적 지식

우리가 교과서를 통해서 획득하는 지식이 명시적 지식이며 이러한 지식은 그것이 명문화되는 과정에서 본래의 지식을 가지고 있던 개인으로부터 분리되어 서술되어 있는 것이 특징이다.

명시적 지식이 개인적 보유로부터 분리되어 있다는 것은 그것이 보편성을 가지는 것과 관련이 있다. 어떤 지식을 서술한다는 것은 사람의 의식이라고 하는 형태의 어떤 것에 대해서 말(어휘)을 맞추는 행위이며, 그 과정에서 기존의 말에 합당하지 않거나, 불확실하고 부정확한 지식은 탈락되어 간다.

따라서 지식이 명문화된 형태로 다른 사람에게 전달되는 경우, 최초의 보유자가 가지고 있던 구체적 정보의 일부는 사라지거나 일반화된다.

예를 들면 어떤 사람이 자기 가족에 대한 애정을 말했더라도 제3자는 이해하기 어려울 것이다. 그러나 일반화된 형태로 '가족애'라고 말하는 경우 제3자도 이해할 가능성이 높아진다. 제3자는 명문화된 보편적인 지식을 이해함으로써 그것을 자기가 가지고 있는 지식에 추가하는 것이다.

암묵적 지식

지식에 관한 문제는 경제학자보다 경영학자가 더 많이 다루고 있다. 특히 암묵적 지식이라고 하는 용어는 경영학에서 자주 사용된다.

암묵적 지식이라는 말은 마이클 폴라니(Michael Polanyi, 1891~1976; 헝가리 출신 철학자)가 처음으로 명명한 것으로 알려져 있다. 실제로는 폴라니의 '개인적 지식' 혹은 '암묵적 지식의 차원' 가운데는 두 개의 의미가 포함되어 있다는 것에 대해서 유의할 필요가 있다.

그 가운데 하나는 '암묵적 지식'(Tacit Knowledge)이라고 하는 명사(名詞)에 대해서이며, 다른 하나는 '암묵적으로 아는 것'(Tacit Knowing)이라고 하는 동명사(動名詞)에 대한 의미이다.

많은 경영학자들은 전자의 '암묵적 지식'을 중시하지만, 폴라니는 오히려 후자의 '암묵적으로 아는 것'을 중시했다.

전자와 후자 간에는 결정적인 차이가 있다. '지식'이란 세계를 인식하는 틀 또는 짜임새이며 제도와 연결되는 반면에 '아는 것'이란 추론이나 발견을 통해서 혁신과 연결되는 개념이기 때문이다.

암묵적 지식의 특질

지식은 왜 암묵적인가? 인간이 가지고 있는 지식의 일부가 암묵적인 것이 되는 데는 두 가지 이유가 있다. 그 하나는 지식의 바탕이 되어 있는 경험의 대부분이 언어 이외의 지각 또는 감각을 통해서 획득되기 때문이다.

특히 물건제작이나 기술지식의 현장에서는 매뉴얼(manual; 업무편람)과 같은 명문화된 지식뿐만 아니라, 시각, 후각, 촉각, 청각 등을 총동원해서 물건제작에 대한 지식을 개인적으로 형성하여 나가지 않으면 안 된다. 그러나 그 지식을 다른 사람에게 전달하는 경우 말하는 것(언어) 이외에 행동으로 하는 경우도 많아서, 애초부터 명시하기가 어렵다.

또 한 가지 다른 이유는 지식이 간단한 외적 자극의 기억이 아니라 다른 사람의 지식과의 관계성 가운데서 의미를 가지기 때문이다. 이와 같은 지식의 습득에는 반복이라고 하는 행위가 필요하다.

행위의 반복은 동종 자극의 반복을 야기시켜 뇌 안에 있는 뉴런(neuron; 신경단위)의 발화(發火)를 용이하고 강력하게 함으로써, 기억 속에 새겨 넣는다. 이와 같은 물리적, 생리적인 반응은 뇌의 어떤 부위가 독립적으로 반응을 일으키는 것이 아니라 뇌의 복수(複數)의 부위를 동시 발화시키는 것과 관계가 있는 것으로 알려져 있다.

즉, 지식은 복수의 자극을 기억한 개별적 요소의 콤비네이션 패턴으로서 축적되어 있는 것이다. 바꾸어 말하면 자극이 지식의 형태를 취하기 위해서는 각각의 자극받은 기억의 결합이 필요하게 된다.

이와 같은 암묵적 지식은 사람들의 행위를 내적으로 결정하지만 제도는 암묵적 지식의 형성과정에 영향을 줌으로써 내적인 억제작용을 한다. 이것은 인간이 내적인식의 틀을 형성할 때 외적인 질서를 이용하고 있기 때문이다.

예컨대 기업에 입사한 신입사원의 대부분은 그 기업의 사풍(社風)에 젖어들게 되는데, 이는 매뉴얼(업무편람)에 의한 사원교육의 결과라고 말할 수 있을 뿐만 아니라, 그들이 자신의 인식 틀의 형성과정에 있어서 직장관행과 같은 암묵적 룰(rule)을 이용하기 때문이기도 하다. 이처럼 외부에 있는 어떤 질서는 인간의 내부에 있는 어떤 인식의 틀을 형성하는 데에 영향을 주고 있는 것이다. 그러나 이 내적인 영향은 인간의 인식 자체를 바꾸어 놓기 때문에 사람들에게 명확하게 의식되지는 않는다.

실험경제학의 몇 가지 연구결과는 경제학부의 학생은 알지 못하는 사이에 그 외의 학부학생과 비교해서 경제효율성을 첫째로 생각하는 행동을 하는 경향이 있다는 것을 보여주고 있다. 그러나 실험에 응한 학생들은 비교의 대상을 나타낼 때까지는 자신들이 특수하다는 것을 깨닫지 못한다.

암묵적 지식(tacit knowledge)의 특징

'암묵적 지식' 은 의식되고 있는가 아닌가에 의해서 그 여부는 달라지지 않는다. 이와 같은 암묵적 지식의 특징은 비교대상을 들이대고 자신들이 다른 사람들과 달리하고 있다는 것을 자각했다 하더라도, 본질적으로 변화하지 않는 데 있다. 다른 직업에 대해서 친구와 대화를 함으로써 비로소 자신이 소속하는 기업 풍조에 듬뿍 젖어 있는 것을 깨닫게 되는 경우에도 그것은 막연한 감각에 지나지 않고, 자기 자신의 것을 생각하는 방식이 어디에서 어디까지가 기업문화 가운데서 형성된 것인가에 대해서 선을 그어 놓기가 불가능하다.

그것은 사람이 사물을 생각하는 방식이 이성을 통해서 학습함으로써 형성되어 가는 것이 아니라 명확하게 의식되지 않는 채, 다양한 시그널을 여러 가지 형태로 경험해 수용하고 있기 때문이다. 이런 의미에서 무의식적 지식은 암묵적 지식을 구성하지만, 일단 암묵적 지식이 된 경우에는 그것이 자각되는 경우에도 성질이 변하는 일은 없다.

암묵적으로 안다는 것(tacit knowing)은 무엇인가?

사람은 왜 지금까지 이해되지 않았던 것을 이해하게 되고, 깨닫지 못했던 것을 깨닫게 되는 것일까? 이것에 대해서 폴라니는 어린아이의 공간적 위치에 대한 인식능력의 발달에서 예를 들고 있다.

어린아이는 자기와 눈앞의 장난감과의 사이에 칸막이가 놓여 시야가 가려진 경우, 처음에는 장난감이 없어졌다고 생각한다. 시야에 없는 것은 존재하지 않는 것과 같다고 생각하기 때문이다. 그러나 이것을 반복하는 가운데 시야에서 없어지더라도 장난감이 존재하고 있다는 것을 알게 된다. 즉, 자신과 칸막이, 장난감 사이에는 공간적 위치 관계가 있어 눈에 보이지는 않으나 칸막이 너머에는 장난감이 존재하고 있다는 것을 이해하게 되는 것이다.

이와 같은 인식의 과정은 과학자가 과학적 발견을 하는 프로세스와 같다. 해왕성(海王星)이 발견되었을 때의 일을 생각해 보자. 그 이전부터 태양계 가운데 천왕성(天王星)의 존재는 알려져 있었다. 그러나 뉴턴역학을 이용하여 천왕성의 궤도를 계산하니 계산치와 관측에 의한 실제 궤도 사이에 약간의 오차가 존재함을 명확하게 알게 되었다. 이 때 두 가지의 가능성이 제기되었다. 하나는 뉴턴역학이 착오가 있을 가능성, 또 하나는 계산의 전제조건이 착오가 있을 가능성이었다.

존 애덤스(John Couch Adams, 1819~1892; 영국의 수학자, 천문학자)와 어베인 르베리에(Urbain-Jean-Joseph Le Verrier, 1811~1877; 프랑스의 천문학자)는 후자의 입장을 받아들였다. 즉, 천왕성의 바깥쪽에 혹성(惑星)은 존재하지 않는다는 그때까지의 전제조건이 착오일 수도 있다고 생각했던 것이다. 거기서 그들은 천왕성의 바깥쪽에 또 하나의 미지의 혹성이 존재한다는 가정을 가지고 계산을 다시 함으로써, 천왕성의 궤도가 계산치와 일치하는 것을 확인했다. 따라서 이를 근거로 1846년에 요한 갈레(Johann Gottfried Galle, 1812~1910; 독일 천문학자)에 의해서 해왕성이 발견된 것이다.

폴라니는 이와 같은 과학적 발견을 구성하는 요소로서 과학에 대한 지적 정열, 문제를 이해하고 숙달하는 능력, 그리하여 다양한 경험을 통해서 얻어진 암묵적 지식을 기존의 과학적 체계 가운데에 위치하게 하는 능력 등을 들고 있다.

슘페터의 기업가상과 암묵적으로 아는 것

슘페터는 기업가가 기존의 균형을 파괴하고 사회에 역동성을 주는 능력을 가지고 있다고 생각하였다. 그의 기업사상은 종종 혁신에 의해서 특징지워지지만, 오히려 기존의 생산수단을 이용해서 새로운 결합방식을 실행하는 데 특징이 있다.

폴라니의 지적처럼 자연과학의 영역에만 국한해서 '암묵적으로 아는 것'(tacit knowing)에 대한 의미를 부여하는 것은 아니다. 이 같은 폴라니의 설명은 슘페터의 기업가론과도 공통점이 있다.

슘페터가 말하는 기업가(entrepreneur)는 혁신을 수행하기 때문에 사람—자본—제품을 결합하지 않으면 안 된다. 그러므로 기업가는 새로운 상품을 생각해 내어야 할 뿐만 아니라, 자금제공자를 설득하는 능력, 협력자를 조직하는 카리스마적 성격, 소비자가 무엇을 원하는지를 알아내는 통찰력 등이 요구된다. 이에 더하여 다른 경쟁자에 앞서서 행동함으로써 창출되는 이익획득에의 열정을 가지고 이익획득에 관련되는 사항에도 통달하지 않으면 안 된다.

또한 기업가는 단순히 즉흥적인 생각으로 사업을 시작하는 것이 아니라 문제에 관해서 많은 지식을 배경으로 다른 사람들이 보지 못하는 것을 발견하고, 이윤기회를 찾아내어 계획을 실행하는 능력을 가진 인물을 말한다.

기업가와 사회진화와의 관계

슘페터의 기업가론에서 흥미 있는 것은 기업가가 다른 사람과 다르게 일을 한 것만으로는 혁신가가 될 수 없다는 것이다. 슘페터에 따르면 기업가가 사업을 성공시키고, 그에게 추종하는 집단이 형성되어 경제사회가 변화함으로써 비로소 기업가는 혁신가가 된다. 그리고 추종집단이 형성되어 이 집단을 통해서 그의 혁신은 후세에 전달된다.

이 점에서도 슘페터가 기업가를 사회진화의 중심으로 놓은 것은 명확하다. 기업가는 어떠한 자유로운 발상 하에서 활동을 하려 해도 결국은 이윤원리라고 하는 제약 하에서 자기 활동을 자리매김해 나가지 않으면 안 된다. 역으로 말하면 기존의 경제체계 가운데 자기의 상대적 자리매김을 찾아낼 수 있는 사람만이 기업가가 될 수 있는 것이다.

이것은 폴라니가 관찰한 과학자에 있어서도 똑같은 일이라고 말할 수 있다. 폴라니는 과학적 발견은 문제의 본질을 이해하고 숙달한 과학자만이 이루어낼 수 있는 것으로 생각하고 있다. 새로운 사실의 발견과 그 사실의 기존 체계 가운데서의 자리매김이 과학활동이기 때문이다.

무의식적 지식

지식을 말할 때 암묵적 지식 외에 한 가지 생각할 수 있는 것은 무의식적 지식이다. 이미 암묵적 지식에서 언급했지만, 우리는 다양한 외적 자극을 받아들이고 있다. 그와 같은 자극은 언어의 경우와 마찬가지로 선택·정리되어 기억되지만, 그 과정을 항상 의식하고 있는 것은 아니다.

예를 들면 인간의 보행능력은 선천적 능력과 후천적 학습에 의해서 획득되지만 통상적으로 보행방법을 의식하고 있는 것은 아니다. 걷기 위해서는 다리를 벌리는 방법, 발을 착지하는 위치, 발가락이나 발뒤꿈치의 각도 등 세밀한 정보가 필요하며 경우에 따라서는 노면상황에 맞추어 발의 움직임을 수정하는 것도 필요하다.

그러나 우리는 이러한 것을 의식적으로 행하고 있지는 않다. 반복적인 경험에 의해서 획득된 이들의 능력은 뇌 가운데에 형식화, 루틴(routine)화 되어서 기억되어지고 있다. 이 경우 그것들이 획득되었을 당시의 구체적 경험을 반드시 기억하고 있을 필요는 없고 오히려 그와 같은 경험을 잊어버리는 경우가 많다. 그럼에도 불구하고 우리의 일상생활은 의식되지 않는 지식에 의해서 지탱되고 있는 부분이 적지 않다.

'무의식적 지식' 은 이와 같이 인간의 내부로부터 인간행동을 규제한다. 사회제도가 성립된 구체적인 이유로부터 분리되어 단순히 이용할 뿐, 구체적 경험에 기초한 지식을 이용하고 있는 것과 같다는 점에서 무의식적 지식과 사회제도는 공통성을 갖는다. 여기서 개인이 갖는 지식은 사회적 제도와 관련을 가지고 있음을 알 수 있다.

사회적 입장에 수반되는 지식은 계층성을 갖는다. 이런 형식화된 지식은 개인에게는 외부로부터 부여된 규범으로서 작용한다. 교사라는 직업을 가진 사람은 교사라는 사회적 입장에 수반된 기존 지식을 이용하게 되며, 그것을 이용하지 않으면 학생과의 관계를 이루어 나갈 수가 없게 된다.

이와 같은 지식은 개인의 경험적 지식이 쌓여서 만들어지고 있는데, 개개인의 구체적 경험이 직접 반영되고 있는 것이 아니라 계층성이 있어 구체성이 증가할수록 개인적 경험이 반영되는 정도는 커지게 될 것이다. 역으로 말하면 사회적 입장에 관계되는 사람들의 집합이 커짐에 따라 개인의 경험은 간접적이 되며 그 입장에 수반하는 지식에는 반영되지 않는다.

그런데 여기서 서술된 사회적 입장에 수반된 지식의 규범성은 루틴과 관계되는 개념이다. 어떤 정형화된 행위가 조직 가운데 중요한 역할을 다하고 있다는 것이 루틴에 대한 기본적인 사고방식이었다. 루틴은 그것이 반복됨으로 인해서 조직 가운데에 축적된 경험적 지식을 유지하는 것으로 사회적 입장의 속성 중 하나이다. 루틴에 의해서 유지되는 지식은 사회적 입장에 수반되는 다양한 지식을 형성하고 있는 것이다.

사회적 룰(rule)과 사회적 입장

일반적인 사회적 입장에서 교사는 학생에게 공부를 가르치는 사람이며, 학생은 교사에 따르면서 학습을 받는 사람이다. 교사가 돌연 장사를 하거나 학생이 갑자기 시장에서 호객을 한다면 이것은 일반적으로는 각기 본분을 떠나서 행동하는 것으로서 사회도 용납을 하지 않을 것이다.

다시 말하면 사회적 입장은 그 입장에 있는 사람들의 행위나 사고방식에 대해서 사람들의 예측을 일정 범위 내에서 유보하도록 하는 역할을 갖는다. 또한 역으로 예측범위를 넘어서 행동하는 사람은 그 사회적 입장에 어울리지 않는 인물로서 배제하는 경우가 있다. 이것은 사회적 입장이 다른 사람과의 관계성 가운데서 성립하고 있기 때문이다.

이와 같이 사회적 입장이 갖는 룰(rule)은 사회의 존립에 중요한 역할을 다하고 있다. 가정, 학교, 직장 등 다른 사람이 존재하는 장소에 있는 사람들은 모두 어떤 형태로 사회관계 가운데 자리매김하고 있어, 그 결과로서 일정한 행위를 취하는 것이 기대되고 있다.

다른 사람도 이 사회 룰에 따르고 있다고 믿고 있기 때문에 우리는 다른 사람과 공존할 수가 있다. 만약 이것을 믿을 수가 없다고 한다면 사회를 형성하여 살아나갈 수 없을 것이다. 우리의 생활은 평소 의식하지 않은 다양한 사회 룰에 매어 지탱되고 있는 것이다.

사회적 룰(rule)은 바로 제도이다

지금까지 고찰한 바와 같이 사회적 룰은 사람들의 기대형성에 작용하고 있다 하더라도 우리는 그것을 기억하면서 의식할 필요는 없고 또 그럴 수도 없다. 예컨대 룰을 좇을까, 혹은 룰을 파괴할까 하는 것을 하나하나 그 '효과와 비용'을 비교하면서 결정하기가 물리적으로 불가능하다.

다만 이 같은 다양한 룰은 오랜 동안 시간을 거쳐 전승되어 내려오면서 최적의 내용으로 정돈되고 진화되어 왔을 것으로 신뢰하고, 사회적 룰의 존재를 하나하나 의식할 필요 없이 일상적인 것으로 여기고 관계를 유지하면 되는 것이다.

최근 인지심리학(認知心理學)³¹⁾의 성과는 인간이 외계를 인식하는 경우 단순히 의식 내부에 독자적으로 질서를 만들어 나갈 뿐만 아니라, 외부에 존재하는 질서를 적극적으로 이용하는 것을 명백히 해준다. 습득된 언어는 그 언어를 사용하고 있는 사람의 사고를 규제한다.

---

31) 인지심리학(認知心理學)이란 인간의 고차원적 정신과정의 성질과 작용 방식의 해명을 목표로 하는 과학적 · 기초적 심리학의 한 분야이다. 인간이 지식을 획득하는 방법, 획득한 지식을 구조화하여 축적하는 메커니즘을 주된 연구 대상으로 한다. 인공지능 · 언어학과 함께 최근의 새로운 학제적(學際的) 기초과학인 인지과학의 주요한 분야를 이룬다. 인지(cognition)란 인식으로도 번역되며, 온갖 사물을 알아보고 그것을 기억하며 추리해서 결론을 얻어내고, 그로 인해 생긴 문제를 해결하는 등의 정신적인 과정으로서 오랜 세월 동안 심리학이나 철학 · 의학 분야의 중요한 주제가 되어 왔다. 그 중 지식의 기원이나 한계 등의 추상적인 질문에 대한 답을 구하는 과정은 철학이 다루고, 각종 정신 활동에 관여하는 두뇌 활동과 그것을 가능하게 하는 물질들의 역할 · 순환 등에 대한 탐구는 의학이 맡고 있는 한편, 심리학에서는 생각하고 기억하고 추리하고 계산하는 등 많은 정신 활동의 내적 메커니즘을 규명한다.

또한 화폐나 기타 경제 룰에 관한 지식은 사람의 경제활동에 대한 개념과 일체화시키고 있다.

'사회적 룰'이라는 용어는 사람들의 행위를 규율하는 외적인 이미지가 강한 것으로 여기서는 그것과 별도로 '제도'라고 하는 말(어휘)을 하고자 한다. 베블렌은 '제도'를 '사고의 양식'(思考의 樣式)이라고 정의했는데, 이것은 제도가 인간의 의식과 불가분의 관계에 있다는 것을 표현한 것이다.

제도의 특징은 인간 행위의 결과로 성립되고 있음에도 불구하고 성립된 후에는 사람의 행위를 외적 내적으로 규제한다. 즉, 제도는 사회적 룰로서 외부로부터 사고의 양식을 형성하는 데 영향을 주고, 내부로부터 인간의 행위를 결정한다.

인간은 가지고 있는 지식에 기초하지 않으면 사고하는 일이 불가능하다. 제도가 사람들의 행위 결과로 성립되고, 그 결과 둘 이상의 개인에 걸쳐서 작용하는 것을 인정한다면 사람들의 사고양식 사이에 어느 정도의 공통성이 존재한다는 것을 상상할 수 있을 것이다.

즉, 사람들은 사회 가운데서 제도를 만들고, 제도에 좇아서 행위를 하기 때문에 어느 정도 동질적인 공동체를 만들어 낼 수가 있고 안정적인 생활을 할 수 있게 된다. 다시 말해서 제도는 사회구성원들 간에 동질적인 공동체를 형성하는 모체가 되는 룰인 것이다.

제도의 진화에 대해서는 따로 살펴볼 것이다.

기술적 지식

기술적 지식의 개요

지식(knowledge) 혹은 기술지식(technical knowledge), 또는 기술 (technology)에 관해서 에이레스(Clarence Edwin Ayres)는 "인간의 삶을 통제하고 인간의 진보와 변화의 본질에 영향을 미치는 하나의 동태적 과정"이라고 정의한다. 그리고 그 개념은 모든 '합리적 지식'을 포함 하는 넓은 의미로 해석을 한다.

여기서 그는 사실지식과 기술지식을 동의어로 사용한다. 그러므로 지식 또는 기술지식은 인간의 물질적 후생을 증진시키는 동시에 최소 노력으로 최대효율을 발휘하면서 업무를 수행하는 인간이 보유한 능 력을 뜻한다.

기술에 관해서는 제도학파경제이론과 정통학파경제이론 간에 기 본적인 차이가 있다. 전자는 경제가 진행 중인 기술적 변화와 관련된 동태성으로부터 추진력을 받는다는 이론이고, 후자는 경제는 개인의 화폐적 이득추구의 부산물로서 그 추진력과 방향을 정하게 된다는 이 론이다. 그런데 다만 제도학파경제학은 이윤추구가 하나의 제도화된 행동기준일 뿐, 사회에서의 유일한 주동적은 아니라는 점이 정통학파 와 다르다.[32]

기술축적 과정의 특징

기술축적 과정에서의 특징은 누적성, 역동성, 계속성, 가속성 등 4 가지로 이루어진다.

① 누적성

찰스 램(Charles Lamb)에 의하면 불의 발견 이후 통돼지 구이가 나왔고, 철을 만드는 과정을 발견하고 나서 철제무기가 생산될 수 있었고, 내연기관을 발명한 후 기차가 나오게 되었다고 한다. 구리제련법도 불의 발견이 모든 종류의 금속제련의 시발점이 되었다. 이 같은 일련의 기술과정은 그 기술축적 과정이 누적을 거듭해 오면서 발달한 결과이다. 다시 말해서 기술축적 과정의 누적성을 문명발달의 첫째 이유로 꼽을 수 있다.

---

32) 웬들 고든 · 존 애덤스 공저, 임배근 · 정행득 공역, "제도주의 경제학", 1995. p. 11-12에서 참조 요약.

* Wendell Gordon(1916-1996); 미국 텍사스(오스틴) 대학 교수(1940-1984) 역임, 미국 진화론적 경제학회(AFEE)회장 역임, 저서로는 "국제무역론"(International Trade: 1958), "라틴아메리카 경제론"(Political Economy of Latin America: 1965), "제도학적 관점에서의 경제학"(Economics from an Institutional Viewpoint: 1974), Institutional Economics: The Changing System(1980) 등 다수가 있다. 진화론적 경제학 연구에 큰 업적을 남겼다.

* John Adams(1938-); 미국 메릴랜드 대학 교수(1965-1990) 역임, 미국 진화론적 경제학회(AFEE)회장 역임(1992), 제도주의경제학과 경제사 분야 연구에 활발하다. 저서로는 Institutional Economics(1979), The Black Homeland of South Africa(1977) 등 다수가 있다.

② 역동성

기술지식의 축적과정이 역동적이라는 말은 이윤동기 또는 문제해결욕구가 외부영향력에 의존하지 않고 내부적 원동력을 기술축적과정이 가지고 있다는 뜻이다. 예컨대 뉴턴이 중력의 본질에 관해서, 프랭클린이 폭풍이 칠 때 번개의 본질에 관해서 호기심을 가졌으며, 이때 순간적인 충격이 그들 뇌의 신경자극 전도부를 건드리게 되어 그 전까지 깨우치지 못해서 고심했던 현상관계를 깨닫게 된 것이 그 사례들이다.

③ 계속성

일반적으로 일단 터득된 지식은 잊어버리지 않는다. 계속 진행 중인 과정 속에서 어떤 지식이 다른 지식을 생성해 내는 과정을 역사 속에서 관찰할 수도 있다. 에어레스(Ayres)는 일단 터득된 지식은 분실될 수 없다고 주장한다. 예컨대 폴란드에서는 12세기에 직조기(織造機)가 발명되었지만 이용되지 않다가 동일한 형태의 기계가 5세기가 지난 후 영국 산업혁명의 기초가 되었다. 즉, 직조기의 발명기술은 계속 유지되고 있었던 것이다.

④ 가속성

지식은 시간의 경과에 따라 가속적 비율로 축적되어 간다. 예를 들면 일정기간마다 지식이 증가되는 현상을 말한다.

지식과 의사전달(커뮤니케이션)

커뮤니케이션은 말하는 쪽과 듣는 쪽을 연결하는 '시그널'이다. 인간은 외계에 대한 여러 가지 감각기관을 가지고 있지만, 외계로부터 이들 감각기관을 통해서 들어오는 모든 시그널(signal)을 그대로 의식 가운데에 받아들이고 있는 것은 아니다. 그리고 커뮤니케이션의 도구 (tool)는 언어이다.

예를 들면 소리를 듣는 경우에 받아들이는 소리와 버려지는 소리를 무의식 중에 분별하고 있다. 복잡함 속에서도 눈앞에 있는 친구의 목소리를 분간할 수 있는 것은 그 목소리 이외의 소리를 제거시키는 능력을 가지고 있기 때문이다. 외계로부터의 시그널은 이와 같이 뇌 속의 어떤 종류의 필터를 통해서 해석의 대상과 그 이외의 대상을 분별한다.

두 사람이 대화를 하고 있는 경우에도 듣는 쪽과 말하는 쪽의 시그널을 서로 받아들이고 있다. 목소리, 얼굴 표정, 손이나 몸의 움직임, 경우에 따라서는 상대방의 체취 등도 시그널로서 보내져 온다.

그러나 이 같은 시그널은 듣는 쪽이 적극적으로 해석하지 않으면 단순한 감각기에 대한 자극에 지나지 않는다. 말하는 쪽은 시그널에 자기의 메시지를 실어서 보낸다. 이 경우에 미리 코드화된 여러 가지 커뮤니케이션 툴(communication tool), 특히 언어를 이용한다.

모방의 중요성과 언어능력

이 지구상에서 인간을 포함한 고등동물의 기본적 행위의 첫째는 '모방'이다. 이 모방행위가 대다수 동물의 공통점이라는 것을 생각할 때, 모방능력이야말로 생득적(生得的)이라고 추론할 수 있으며 그런 의미에서 이 모방행위는 인간의 본능적 행위이거나 혹은 본능에 가깝다고 말할 수 있다.

인간의 경우에도 어린애는 부모나 주변의 사람소리나 얼굴표정을 그대로 모방하는 것에서 시작하여 점차 고도의 능력을 획득해 나간다. 언어능력의 획득도 이와 같은 것이다. 최초에는 부모나 주변 사람들이 이야기하는 소리를 모방하고, 그 후에는 소리와 의미와의 대응관계를 학습해 나간다.

아이들이 외국어를 비교적 빨리 습득하며, 특히 발음과 듣는 것은 어른이 된 후 외국어를 습득하는 데 비해서 훨씬 단기간에 원음에 가깝게 습득할 수 있다. 이는 아이들의 언어능력 획득이 기본적으로 모방중심으로 이루어진다는 한 사례이다.

언어능력도 모방으로부터 나온다. 언어능력의 획득은 소리의 모방과 그 '의미 파악'으로 구성된다. 소리를 모방하면 동시에 그 소리가 발성하는 상황을 확인한다. 물론 한 번 정도의 경험으로는 양자의 관계가 추정되지 않지만, 그것이 반복됨으로써 양자의 관계를 결합하는 신경회로가 작동하게 된다.

예를 들면 어린애가 엄마의 웃는 얼굴과 그 때 발성되는 소리(예컨 대, "아기야! 우리 아기야!"라고 말하는 것처럼 달래는 말)로 자신이 유쾌한 상태가 되었다는 사실이 결합됨으로써, "아기야! 착한 우리 아기야!"라는 말소리가 자신에 대한 엄마의 호의를 나타내는 소리라고 인식하게 된다.

처음 한동안은 그것이 자기에 대한 부모의 구체적이며 또한 일방통행적인 관계라고 이해하다가 주변 사람들로부터도 "착한 아기! 우리 아기!"라는 말을 듣게 되면서, 또한 다른 아이와 그 부모 간에도 똑 같은 음성을 말하는 것을 알게 되면서 그것이 일반적으로 호의를 표시하는 말임을 이해하게 된다.

물론 이러한 추정은 항상 정확하게 이루어진다고는 할 수 없다. 어떤 음성에 대해서 자기가 예측한 결과가 이루어지지 않은(예를 들면 결과로서 자기의 상황이 개선되지 않은) 경우에는 지금까지의 경험에 기초한 추론은 수정되거나 파기되기도 한다.

이와 같은 추론의 시행착오를 반복함으로써 어린애는 서서히 언어의 음성과 의미를 일치시켜 나간다. 당연히 그 과정에서 잘못 익힌 음성과 의미의 관계가 남는 일도 있을 것이다. 종종 말(어휘)의 의미를 다르게 익힌 경우가 있는 것은 최초에 잘못 획득된 음성과 의미의 관계가 이따금 '도태되지 않은 채' 남아 있기 때문이다.

인간이 사용하고 있는 자연언어는 오랜 역사와 시간을 걸쳐서 수많은 세대들의 사람들로 하여금 시행착오를 통해서 형성되어 이루어진 결과물이다. 한 개의 단어에 복수의 의미가 있는 것, 문법에 예외가 적지 않게 있다는 것, 그리하여 지금 여전히 언어가 진화를 계속하고 있는 것 등은 언어의 커뮤니케이션 기능이 개인의 추론능력에 의존하면서 오랜 시간에 걸쳐서 형성되어 왔다는 것을 입증하는 대목이다.

인간이 사회와 맺어지는 연결고리는 커뮤니케이션이다

이와 같이 언어, 즉 우리가 늘 사용하는 '말'은 사람들의 의식으로부터 독립해서 존재하지 않는다. 오랜 시간에 걸쳐서 언어가 형성되어 왔기 때문에 한 사람 한 사람에 있어서 그것은 그냥 주어진 것이며, 개인으로부터 독립해서 존재하고 있는 것처럼 보인다. 따라서 그런 성향을 갖는 언어를 다수의 개인이 주어진 것으로 사용함으로써 커뮤니케이션의 다양성은 어느 일정 범위 안에서 공통성을 가지며 규제 받게 된다.

커뮤니케이션은 사람과 사람의 관계에서 기본이 된다. 커뮤니케이션의 툴인 언어가 존재함으로써 사람들은 공존 공영하면서 살아갈 수가 있는 것이다. 그런데 이 커뮤니케이션을 가능하게 하는 인간의 지식은 개인에게만 존재한다. 지식은 각자 사람들이 세계를 인식할 때에 이용하는 틀을 형성한다. 또한 사람은 자기가 갖는 지식에 기초해서 행동한다. 그래서 커뮤니케이션을 통해서 사람은 서로 관계를 가지게 되고 사회를 형성하게 된다.

제 4 장
인간과 제도의 진화

인간이란 무엇인가?

진화하는 생물체(evolving biology)로서의 인간은 진화하는 기술지식의 관리인이며, 진화하는 자원의 가용성(availability)이란 제약 속에 놓여 있는 진화하며 제도화된 행동규범의 예속자이다. 사람들은 영향을 받기도 하고 제어력을 가지면서 영향을 미치기도 하며, 또 다른 여러 가지 역할을 하고 있다.

인간은 엄청난 능력을 지니고 있다. 바꾸어 말하면 다른 동물과 비교하여 그가 처한 상황을 잘 파악하며, 늙는 것과 죽는 것을 예측하고 무엇인가 개선하고자 한다. 인간은 현재까지 지구상에서 어떤 다른 동물이 가진 것보다 더 많은 능력을 가진 두뇌를 갖고 태어났다. 어쩌면 돌고래가 더 높은 지능을 가지고 있을지도 모르나 그들은 다섯 개의 손가락이 있는 손을 가지고 있지 않아 장애를 받고 있다. 그래서 우리는 기술과 자원을 잘 검토하여 우리의 제도화된 규범의 테두리에서 삶의 여건을 바꾸어 가며 창조해 나가고 있다.

인간은 변화하는 생물학적 구조를 가지고 있다. 지금까지 생물학적 진화에 영향을 미치는 요인들은 인간의 통제권 밖에 있었으나 생명공학과 DNA를 이해한 덕분에 그것조차 바뀌고 있다. 유전과 환경은 인간이 사회적 또는 문화적 압박에 대응하는 방식에 영향을 미친다.

생물학적 영향력과 사회적 영향력 사이에는 상호작용이 있다. 그러나 생물학적 욕구에서 연유하는 대부분의 행동에 대한 실제 내용을 보면 그 표현의 특수한 형태가 관습, 버릇, 제도화된 규범들로부터 유래되었다는 것을 알 수 있다.

인간의 본능

베블렌은 1914년 「장인본능」(The Instinct of Workmaship ; 匠人本能)이라는 저서를 출판했다. 베블렌에 의하면 무릎이 움찔하는 것은 반사작용이 아니라 자극에 대한 생물학적 반응이라는 것이다.

본능적 반응의 본질은 유전에 의해서 결정된다. 그래서 심혈을 기울여 작업하고 그 자신이 작업한 제품에 대하여 자부심을 느끼는 성향을 가리키는 장인정신(匠人精神)은 유전적인 마음가짐이라고 그는 말했다. 또한 장인정신은 이러한 본능을 가진 사람이 어떤 일에 임했을 때 자동적으로 일꾼처럼 된다는 의미에서 그것은 하나의 '본능'이다.

맥두걸(William McDougall)의 본능심리학에 따르면, 그는 본능에 대해서 다음과 같이 말하고 있다.

"본능이란 그 본능 소유자가 일정한 상대물을 보고 그것이 탁월하다는 특유의 감정적 흥분을 경험하고, 그 대상물에 대하여 특유한 방식으로 행동하거나 최소한 그러한 행동에 대하여 충동을 경험하여, 그 대상물을 인지하고 주의를 기울이도록 하는(물려받았거나 타고난) 심리적 · 육체적 성향을 가리킨다."[33]

인간의 진화과정

인간이라는 생물체는 다섯 가지 상이한 경로를 통해서 현재의 모습으로 존재하게 되었다고 한다. 즉, ① 과학적 창조주의, ② 다윈의 진화론, ③ 균형의 단절, ④ 사회생물학설, ⑤ DNA-생명공학설 등이다.

---

33) 맥두걸(William McDougall), Introduction to Social Psychology(London: 1936[1908]), p. 25.

① 과학적 창조주의

사람들과 우주가 신 또는 초능력자에 의해서 현재의 모습으로 창조되었다고 하는 교리로서, 태초에 인간과 우주 만물이 창조되었다고 주장한다.

② 다윈의 진화론

19세기 중엽에 다윈이 주장하고 동시에 영국인 알프레드 월리스 (Alfred Wallace)가 독립적으로 주장한 개념인데, 진화론이 주장하는 바는 인간생물체는 수십만년 동안 지속된 돌연변이와 자연선택(도태) 과정을 거쳐서 현재 상태로 진화되었다는 것이다. 월리스는 「변종(變種)이 본래의 형에서 나와 무한히 떨어져 나가는 경향에 관하여」라는 논문을 써서 1858년 2월에 다윈에게 보내어 발표를 의뢰하였다.

③ 균형의 단절

균형의 단절(혹은 돌변균형) 개념은 느릿한 다윈식의 진화과정이 인간생물체를 현 단계로 급속하게 진화시키기에는 한마디로 말해서 어렵다는 생각에서 나온 주장이다. 균형의 단절개념이 의미하는 바는 아마도 빙하기 초기와 말기 또는 몇 번의 엄청난 기후변동의 결과 짧은 혼란시기가 있었고, 이때 엄청난 속도로 돌연변이가 진행되었으며, 새로운 종(種)이 급속히 출현하게 되었다는 것이다. 그런 후 생물학적 형태는 수천년 동안 실제적으로 변치 않고 남은 것이라는 주장이다.

최근 이러한 견해를 주장하는 학자로는 스티븐 굴드(Stephen Jay Gould)와 나일즈 엘드리지(Niles Eldridge)를 들 수 있다.

④ 사회생물학

에드워드 윌슨(Edward Wilson)은 일종의 생물학적 결정주의인 사회생물학(sociobiology)을 다음과 같이 주장했다.

"사회생물학 일반이론의 주요 목표는 종의 유전적 구조에 의해서 부과된 행동 제약조건에 관한 정보와 관련된 모집단(母集團) 파라미터에 관한 지식으로부터 사회조직의 면모를 예측하는 능력에 두어져야 한다. 그 다음 진화생태학의 주요 과제는 종의 진화 역사와 최근종의 역사가 펼쳐졌던 무대(환경)에 관한 지식으로부터 모집단의 파라미터를 도출하는 것이 될 것이다 …(후략)."[34]

⑤ DNA[35]와 생명공학

허만 뮬러(Herman Muller)는 1920~30년대에 초파리에 관한 연구를 했었는데, 유전자의 통제된 변경으로 인간을 개선할 수 있는 가능

---

34) Edward O. Wilson(On Human Nature, Harvard University Press, 1978, pp. 5-6)은 그의 학설을 통해서 인간행동에 영향을 미치는 유전자와 문화의 상대적 역할을 크게 강조하였다.

성을 맨 먼저 주장하였다. 그의 이러한 생명공학 또는 인간공학은 우리에게 많은 관심을 끌고 있다.

또한 1950년대에 프랜시스 크릭(Francis Crick)과 제임스 왓슨(James D. Watson)은 유전과 생물체의 생리를 통제하는 단백질 물질 재결합물 DNA분자를 규명하여 어떻게 그 과정이 작동하는가에 관하여 더 많은 지식을 제공하였다.

제도란 무엇인가?

제도란 공통행동 패턴을 가지는 사람들의 집단화(groupings)를 의미하며, 그 구성원은 집단화에 관하여 인지하고 집단구성원에게 제도화된 행동양식(behavior patterns)을 강요하는 것을 의미한다.

존 커먼스(John R. Commons)는 "제도란 개별적 행동(indivisual action)의 통제 속의 집합적 행동(collective action)이다"라고 정의하였다.

---

35) 디엔에이(DNA; deoxyribonucleic acid); 자연계에 존재하는 2종류의 핵산 중 디옥시리보오스를 함유한 것의 총칭이며, 디옥시리보핵산(deoxyribonucleic acid)의 약칭이다. 핵산 중에서 당성분이 D-디옥시리보오스로서 유전자의 본체를 이룬다. 교육이나 체험에 의하지 않고 부모로부터 자식에게로 전달되는 성질을 유전형질이라고 한다. 이 유전형질의 근원이 되는 물질의 단위를 유전자라고 하는데, 이 유전자가 바로 가늘고 긴 실모양의 물질인 DNA이다. DNA는 어떤 생물의 어떤 세포에서도 그 생물의 전체 유전정보 분량을 갖는다. 세포분열이 일어나기 전에 DNA는 복제되므로, 분열 후 2개의 딸세포는 DNA를 똑같이 함유한다. 이때 DNA의 유전정보는 mRNA(전령 RNA)를 통해서 단백질로 전달되어 유전형질이 발현된다. 생물의 몸을 구성하거나 생물이 생명을 유지하기 위한 기능을 담당하는 것은 주로 단백질이므로, 각 생물의 형질은 어떠한 단백질이 생성되는가에 따라 결정된다. 그러므로 DNA는 바로 생물의 설계도라고 말할 수 있다.

제도화된 행동규범의 사례로는 다음과 같은 것들이 있다. 서구문명에 있어서 핵가족과 아버지의 역할, 이슬람교에서 하루에 다섯 번 기도할 때 메카(Mecca)로 향하는 관행,[36] 앵글로색슨법 전통 하에서 변호사는 의뢰인의 잘못에 대해서 침묵을 지키는 것 등이다.

제도화된 행동규범의 특징

제도와 그 제도화된 행동규범의 특징으로서는 다음의 6가지가 있다.

제도의 정태성

제도 속에 내재되어 있는 행동양식을 변화하도록 유도하는 것은 아무것도 없다. 제도는 본래 변화하려는 내재적 경향이 없고, 이와 반대로 개별 참여자들이 변화를 조장하는 것을 오히려 억제하는 경향이 있다. 다니엘 부어스틴(Daniel Boorstin)은 "이 세상은 장소를 막론하고 어디서나 관습이 왕(King)이다"라고 말했다.[37]

---

36) 예를 들어 사우디아라비아 수도 리아드의 특급 호텔에 들어서면 객실 바닥 위에 메카(Mecca) 방향으로 화살표시가 있어, 기도 시간이 되면 그 방향을 향해서 절을 하면서 기도하게 되어 있다. 또 실내 탁자 위에는 코란(Kolan)이 놓여 있다.
37) 부어스틴(Daniel J. Boorstin), "The Discovers", (New York, 1983), p. 564.

제도의 상속성

행동양식의 패턴인 제도의 행동규범은 과거로부터 물려받는다. 다시 말해서 제도는 세대와 세대 간에 상속된다. 그 이유는 그 기본바탕이 진행과정을 포함하기 때문이다. 하이에크는 다음과 같이 기술하였다.

"인간은 목적을 추구하는 동물인 동시에 규칙을 지키는 동물이다. 그리고 인간은 그가 지키는 규칙을 왜 준수해야 하는지를 알고 있거나 모든 규칙을 문자로 기술할 수 있기 때문이 아니라, 그가 살고 있는 사회에서 선택(또는 도태)과정을 통하여 진화된 수 세대에 걸친 경험의 산물인 규칙에 의해서 그의 생각과 행동이 지배되기 때문에 동물과는 달리 위대하다고 할 수 있다."

제도의 무용성(또는 쇠퇴성)

어떤 행동규범이 비록 현재도 여전히 유용한 측면을 가지고 있다고 하더라도 그것은 확실히 시대에 뒤떨어질 것이며, 따라서 현재의 문제를 처리하는 데 그다지 적절하지 못할 것이다. 예컨대 왕권신수설은 17세기의 혼란으로부터 질서를 바로 잡는데 도움을 주었던 개념이었지만 20세기에는 많은 사람들이 공감하는 개념은 아니다.

심리적 방어성

인간은 자신의 행동에 대해서 자부심을 가져야 할 심리적 필요성이 있다. 이것이 심리적 방어성에 관한 측면이다. 자신의 행동에 대해서 자부심을 느끼는 것은 그 행동의 역사적 기원에 대하여 자부심을 느끼는 것을 의미한다. 이것은 자신의 행동에 대한 과거찬양적 측면이다. 만약 자신의 뿌리에 대하여 끊임없이 수치스럽게 생각한다면 정말로 만족스러운 삶을 살고 있다고 말할 수 없다.

제도의 독재성

제도는 독재적인 성격을 띠고 있다. 이것은 그 사회의 구성원인 사람들이 원하든 그렇지 않든 제도화된 행동규범을 준수하도록 강요받고 있다는 점을 두고 하는 말이다. 이를 준수하지 않으려는 유혹을 받는 사람은 준수하지 않음으로써 값비싼 대가를 치룰 행동이라는 사실을 알게 될 것이다.

변화의 곤란성

제도화된 행동규범이 변하기란 어려운 것이다. 행동양식을 변화시키는데 대한 합당하고 분명한 이유만으로 변화가 확실히 이루어지기에는 충분하지 않다. 그리고 현상유지에 조금이라도 관심을 가지게 된다면 그 어려움이 더욱더 심화될 것이다. 예를 들어 도량형제도를 미터법으로 전환하는 것이 얼마나 어려운가는 우리 스스로가 충분히 현실적으로 알고 있는 사실이다.

제도는 왜 필요한가?

여기서는 제도와 그 역할에 관하여 고찰할 필요가 있을 것 같다. 우리가 살고 있는 이 사회가 잘 작동하기 위해서는 조직을 가져야 하고 그에 따라 행동규범을 가져야 한다. 그렇지 않다면 거기에는 혼돈만이 있을 뿐이다. 예컨대 사거리에서 자동차가 빨간 신호와 초록 신호를 준수하는 것은 당연하다.

또 다른 예를 들면 금융제도를 컴퓨터 해커들의 파괴로부터 보호하기 위한 조치를 취하는 데서 볼 수 있는 것처럼, 생활이 기술적으로 더 복잡해짐에 따라 행동에 관한 합리적인 규칙을 마련하는 것이 중요해질 것이다. 자동차를 운전할 때나 자전거를 탈 때 비록 어느 방향에서 차가 오지 않는다 하더라도 신호를 지키는 것이 더 낫다. 그리고 물론 한두 사람이 잔디를 밟는다고 해서 잔디가 말라 죽는 것은 아니지만, 지위가 높은 사람이나 유명인들은 "잔디에 들어가지 마시오!"라는 경고 팻말을 보면 합리적인 규칙을 준수한다는 입장에서 잔디밭에 들어

가지 않는 모범을 보여야 할 특별한 의무를 지니고 있다.

훌륭하거나 우수한 사람들이라고 해서 규칙 위에 군림해서는 안 된다. 하여튼 대부분의 보통사람들보다 그들은 사회적으로 여러 가지 혜택을 많이 누리고 있다. 그들은 기득권을 고집하거나 자신의 이득을 고집하기보다는 훌륭한 모범을 보이는 데 특별히 신경을 써야 한다.

사회적 질서와 행동규범이 없다면 엄청난 사회혼돈이 있게 마련인데 이 같은 엄청난 혼란스러움을 야기하거나 야만적인 행동에 대한 하나의 대안으로서 '문명화'(civilization)가 있다. 문명화는 상대방에 대해서 예의를 갖추고 일관성을 가지며, 예측가능하게 행동하도록 한다. 이것은 사회적 이해의 기반 위에서만 가능하다. 이러한 사회적 이해가 제도를 구성하며 그러한 제도적 질서를 우리는 '문명화'라고 부른다.

사회제도의 필요성은 대표적 혁명가들, 특히 마르크스에 의해서 주장되었으며 마르크스는 그의 논문 「유태인 문제에 관하여」(On Jewish Question)(1843)에서 그 점을 다음과 같이 강조하고 있다.

"…(전략) 개인은 그 자신을 사회적 세력으로 인식해 조직하여야 하며, 그렇게 함으로써 정치적 세력의 형태로 있는 그 자신을 사회적 세력으로부터 더 이상 분리하지 말아야 한다. 이것이 달성되었을 때에만 인간해방은 완수되게 될 것이다."[38]

"사회가 하나의 통합체로서 원활하게 돌아가기 위해서 일정한 행동양식을 지키도록 하였기 때문에 오늘날 이 정도의 문명화라도 이루게 되었다. 유아가 어린이로 자라고 다시 청소년이 되어 성인이 됨에 따라 사회는 성숙해져 가는 개인의 행동을 제어한다.

사람들이 성장하게 되면 그들은 사회가 허용하지 못하는 것들이 있다는 사실을 배우게 된다. 만일 사람들이 이것을 잘 준수한다면 더 행복하게 잘 살 수 있을 것이다. 사람들이 기본적으로 거부하는 본능을 가지고 있다 하더라도 거부하는 것도 요령 있게 하는 것이 좋다는 것을 알게 될 것이다."[39]

---

38) Karl Marx, Early Text, ed. David McLellan(Oxford: Basil Blackwell, 1971), p. 108.
39) 고든 등, 앞의 책, p. 48에서 인용.

제 5 장

화폐와 금융, 그리고 경제의 진화

화폐의 진화

이번 장에서는 화폐와 금융, 그리고 금융시스템의 관점에서 경제 진화를 고찰하고, 나아가서 블록체인과 암호화폐를 포함한 가상화폐를 자세히 살펴볼 것이다.

화폐의 기원과 기능

인류가 원시시대 이래 점차 집단생활을 하게 되면서 자급자족경제에 변화가 일어나게 되고 물물교환시대가 본격적으로 도래함으로써 그 교환의 매개수단인 화폐(money)가 등장하게 되었다. 원시시대에는 인간이 생존을 위해 정착 없이 이동하면서 수렵과 채집으로 자급자족의 경제생활을 하였다. 자급자족의 경제생활을 했기 때문에 먹거리의 과부족은 집단 내에서 해결했다. 구석기시대(수렵시대)에는 물물교환이 유일한 경제교류였다. 그런데 물물교환에 필수적으로 등장한 것이 교환의 매체이다. 이 매체는 시대에 따라, 환경에 따라 진화하게 된다.

화폐는 교환의 매개기능을 수행하면서 인류는 그 편의성, 안전성, 경제성(거래비용 절감), 대면성 등 모든 요건을 개선하는 데 역점을 두어왔다. 그 결과 상품화폐, 금속화폐, 지폐, 예금화폐, 전자화폐 등으로 꾸준히 진화되어 오고 있다. 화폐의 진화와 더불어 화폐의 기능도 함께 진화되어 왔는데 본래의 화폐의 기능은 다음과 같다.

① 지불수단(means of payment) : 재화와 서비스 거래에서 구매자가 판매자에게 그 대가로서 지불하는 수단이다.

② 교환매개수단(medium of exchange) : 화폐가 매개물이 되어 판매자와 구매자 간에 재화나 서비스의 교환을 원활하게 매개한다.

③ 가치의 척도(unit of price or account/unit of value) : 화폐는 모든 재화의 가치를 계산단위로 측정하여 그들의 가치를 손쉽게 비교할 수 있게 하는 가치척도 기능을 갖는다.

④ 가치저장(store of value) : 화폐는 일반적인 구매력을 가지고 있으므로 지불수단이 되는 동시에 또 자산으로도 보유된다.

지금까지의 화폐는 기본적인 화폐의 기능에 충실했다. 그러나 화폐의 종류가 진화하면서 화폐의 역할과 기능도 변화하고 있다. 최근에 등장한 가상화폐는 화폐의 가치와 의미를 재정의해야 할 만큼 혁신적인 변화를 함의하고 있다.

먼저 화폐의 종류를 간략하게 살펴보자. 암호화폐라고도 불리는 가상화폐는 화폐의 진화에서 차지하는 중요도를 감안하여 따로 자세히 다룰 것이다.

상품화폐

농경사회에서 주로 사용된 상품화폐(commodity money)는 상품을 화폐로 사용하는 것으로 직물, 곡물, 피혁, 가축 등이 여기에 속하며 운반 및 보존이 용이하고, 마모불변의 장점이 있지만 정확한 가치측정 및 소액분할의 곤란성, 부피과다로 인한 대규모 운반곤란성, 내구성의 문제 등의 단점이 있다.

농경사회에서 가장 필수적인 자산은 바로 가축이었다. 가축은 농경기에 농가에서 필수불가결한 존재이며 가치저장수단이기도 했다. 이 시기에는 가축뿐만 아니라 수확물인 곡식도 화폐의 교환기능을 하게 되면서 자연스럽게 상품화폐로 유통되기 시작했다. 서양에서도 밀 등의 곡식이 상품화폐로 사용되었고, 특히 한반도에서는 면화재배로 등장한 무명이 상품화폐의 혁신적인 진화를 가져왔다.

금속화폐

상품화폐 다음으로 등장한 금속화폐(metallic money)는 초기에는 동, 다음에는 은·금 등 귀금속으로 대체되면서 사용되기 시작했다. 동양에서 서양보다 먼저 금속화폐 사용을 시작했는데 중국 춘추전국시대 왕들은 그 당시 화폐발행을 중요한 통치수단으로 인식하고 있있다.

금속화폐는 소량이면서 고유 가치를 유지할 뿐 아니라 내구성이 우수하고 보관, 휴대, 운반이 용이하다는 장점이 있다. 하지만 격지간 거래의 문제점, 도난위험, 순도 및 함량의 유지문제가 있고, 경제규모의 증가에 비례한 화폐 소재(금, 은, 등)의 생산조달 문제 등의 단점도 있다.

지 폐

금속화폐의 단점을 보완하기 위해 새로이 등장한 지폐(paper money)는 중국 송나라 때 세계 최초로 사용되었다. 지폐가 동양에서 먼저 등장할 수 있었던 것은 종이 발명이 서양보다 빨랐고, 상업이 발달했기 때문이다.

지폐는 초기에는 금태환증서(태환지폐; convertible paper money) 유통에서 시작했으나, 그 후 금 생산의 한계점 도달로 태환용 금 보유량의 충족이 어려워지자 점차 불환지폐(inconvertible paper money)로 발전하였다. 금속화폐의 단점인 격지 간 운반 곤란성, 순도·함량 훼손 문제, 금속 소재의 생산한계 등을 해결하고 형태 통일, 내구성, 위조곤란, 운반용이성 등 장점이 있는 반면에 도난위험, 부피과다, 대량보관 불편 등의 단점도 있었다. 이러한 단점을 해결하기 위해 화폐는 예금화폐와 전자화폐로 진화하게 되었다.

예금화폐

예금화폐(deposit money)란 현금대용화폐로서 은행의 요구불예금에 기반을 둔 수표지급체제에 의해서 이루어지는 지급결제수단을 말한다. 예금화폐는 두 가지 형태에서 생성되는데, 그 하나는 은행자기앞수표(보증수표)이며, 다른 하나는 당좌수표(또는 어음)이다.

자기앞수표는 수표발행의뢰인의 신청에 의하여 은행이 발행하고 자기앞수표 소지인이 은행에 지급제시하면 은행 별단예금계좌에 이미 예치되어 있는 발행의뢰인 수표지급준비자금 계좌에서 결제 처리되는 경우를 말한다.

당좌수표(또는 어음)는 은행당좌거래처(민간수표발행인)가 발행한 당좌수표(또는 어음) 소지인이 은행에 지급제시한 수표 또는 어음을 거래처(발행인)의 당좌예금계좌(요구불예금)에서 결제 처리함으로써 현금교환수단으로 통용되는 경우를 말한다.

이 같은 예금화폐는 거래은행계좌에 이미 지급대기자금이 예치되어 있어서 결제확실성, 현금운송 불편 해소, 내구성 문제 해결, 부피과다 해결 등의 장점을 가지고 있다. 그러나 단점으로는 법화(legal tender)가 아니므로 강제 통용력(수용성)이 없고 현금화비용과 부도위험이 뒤따른다. 또 타지(격지간) 추심 소요시간과 문서처리 비용도 만만치 않다.

전자화폐

전자화폐(digital money, e-money, electronic money, e-cash)란 기존화폐의 지급결제시스템 요건에 기반을 두고 전자적 통신기술을 이용하여 설계된 고안물(device)로서 새로운 전자적 지급결제수단을 일컫는다. 전자화폐는 수표나 어음과 달리, 범용성·유동성, 지급종결 시 대면성과 비대면성을 동시에 가지고 있으며 익명성이 보장된다. 또 소액거래부터 거액거래까지도 자유로이 분할할 수 있는 것이 특징이다.

한국에서는 2012년 3월 2일부터 전국은행연합회 중심으로 전국은행에서 CD/ATM기 거래 시 '금융IC카드' 사용이 실시됨으로써 종전의 '금융MS카드' 사용을 폐지했는데, 이는 전자화폐시스템에 이르는 첫 단계 조치였다. 전자화폐는 그 기능이 매우 탁월하나 보안성의 유지가 중요한 관건이 된다.

금융의 진화

금융시장과 금융상품의 진화

　일반적으로 금융시장의 체계적 구분은 직접시장과 간접시장으로 나누는데, 직접금융은 자본시장(증권시장)에서 자금수요자(자금부족집단)가 필요자금을 자금공급자(자금잉여집단)로부터 직접 조달하는 형태이며, 간접금융은 자금수요자(자금차입자)가 은행·보험회사 등 자금중개기관을 통해서 간접거래(채무증서와 교환으로)로 자금조달이 이루어지는 형태이다.

　직접금융조달의 경우는 필요금액을 사전적으로 확정해서 조달할 수 있는 반면에, 간접금융의 경우는 중개금융기관(은행, 보험사)이 불특정다수의 저축자(자금공급자)로부터 자금을 집합하여 소정규모로 분할하여 차입자(자금수요자)에게 대부하는 것으로 그 과정에서 규모의 경제(economy of scale)효과를 얻고 비용절감효과를 달성할 수 있다. 다시 말해서 저축자에게는 더 높은 수익률을 제공하고 차입자에게는 보다 낮은 자본비용으로 조달할 수 있게 함으로써 수급 양측에 모두 똑같이 이득을 가져다준다.

　금융시장은 금융상품과 더불어 복잡하게 진화하고 있다. 금융의 진화는 곧 금융상품의 진화이다. 금융상품을 살펴보면 복잡한 현대금융의 진화를 알 수 있다.

금융상품의 분류기준은 1) 청구권 성격, 2) 유통단계, 3) 만기기간 등에 따라 나누어진다.

청구권의 특성에 따른 금융상품의 분류

금융시장은 증서 또는 증서의 발행자가 부담하는 의무와 소유자가 누리게 되는 권리를 기준으로 채무증서시장(debt market)과 주식시장(equity market), 그리고 그 중간형태인 복합형시장이 있다.

채무증서시장이란 기업이나 가계 등 자금부족집단이 만기까지 일정한 이자를 정기적으로 지급할 것을 약속하고 발행한 채무증서(debt instrument)가 거래되는 시장으로서 증서소지자는 이자와 원금에 대한 청구권을 갖는다. 채무증서시장으로는 기업어음, 양도성예금증서, 국채, 회사채, 금융채시장 등 여러 시장이 있다.

① 부채시장(채무증서시장 : 은행대출, 채권시장)
은행대출 : 일정단기자금 또는 중소규모자금의 융통에 적합하며, 일정기간마다 소정이자를 부담하고, 만기에 원금을 상환한다.
채권발행 : 발행자가 직접발행, 또는 금융기관(증권회사)의 채권인수를 통해 조달한다. 만기에 원리금을 상환한다.

② 주식시장

주식시장이란 주식(equity)이 거래되는 시장으로서, 주식은 기업의 순이익과 자산에 대한 주주의 지분을 나타낸다. 주주는 주주의결권을 가지며, 기업순이익에 대한 배당청구권뿐만 아니라 기업청산시 채무를 뺀 잔여재산에 대해 재산지분청구권을 행사할 수 있다. 주식은 그 지분을 분배하여 자금을 조달하는 금융형태인데, 부채와는 달리 일단 조달한 자금은 다시 상환할 필요가 없으며, 주주총회나 정관에 정해진 배당률에 따라 배당금을 지급하면 된다. 주식매입자는 주주권을 행사할 수 있고, 다른 사람에게 주식을 양도할 수도 있다. 한국의 주식시장에는 증권거래소시장, 코스닥시장, 코넥스시장(Konex; Korea New Exchange) 등이 있다.

③ 복합형 시장(전환사채, 신주인수권부사채)

자본시장이 발달함에 따라 채무증서(타인자본)와 주식(자기자본)의 두 성격을 복합적으로 가지고 있는 복합형 금융상품으로 전환사채와 신주인수권부사채가 등장했다.

신주인수권부사채(BW; bond with stock warrants)란 새로 발행되는 신주를 인수할 수 있는 권리, 즉 주식인수권부증권이 부여된 사채를 말한다. 회사 주가가 오르면 채권자는 그 부채에 정해진 행사가격으로 신주를 인수할 수 있으므로 유리한 투자기회를 갖는다.

전환사채(CB; convertible bond)란 부채를 주식으로 전환할 수 있는 권리가 부여된 채권을 말한다. 전환 전에는 채권자로서의 권리를 행사하고 전환 후에는 주주의 권리를 행사할 수 있는 채권이다. 안정적 이자수익이 보장되면서 회사의 주가가 오르면 채권자는 원리금 청구권을 포기하고 대신 주식으로 바꾸어 시세차익을 누릴 수 있기 때문에 채권자에게 유리한 투자이다.

유통단계에 따른 금융상품의 분류

① 발행시장(primary market)

발행시장이란 새로운 증권이 처음으로 발행되어 투자자들이 이를 발행자로부터 매입하는 시장, 즉 본원적 증권을 발행해서 이를 금융중개기관에 판매 · 인수시키는 시장을 말한다. 이때 금융중개기관(증권회사)은 이들 증권을 지급보증하여 일반인에게 되파는 방식을 취하는 경우가 많다.

② 유통시장(secondary market)

유통시장이란 이미 발행된 증권이 재판매되고 거래되는 시장이다. 주식거래소시장, 채권시장, 선물시장 등이 있다. 발행시장과는 달리 일반이 금융기관(증권회사)을 통해 비교적 쉽게 접근할 수 있다. 유통시장에서는 만기가 고정된 대규모 증권(금융상품)을 쉽게 현금화할 수 있고 시장가격도 이곳에서 결정된다. 유통시장 운영주체는 크게 브로커와 딜러로 나눌 수 있다. 브로커(broker)는 일반인이 주식을 매매할 때

거래수수료를 받고 판매자와 구매자를 연결시켜 주는 역할을 하며, 딜러(dealer)는 시장에서 자신이 직접 주식을 매매하는 역할을 담당한다.

한편 유통시장은 크게 두 가지 시장, 즉 거래소시장(on-board market)과 점두시장(over-the-counter market; OTC)으로 분류하기도 한다. 전자는 주식매매를 하는 사람들이 한 곳(거래소시장)에 모여 거래하는 조직화된 시장이며, 후자는 개별거래자가 개별금융회사를 상대로 거래하는 시장(장외시장; off-board market)이다.

만기기간(duration)에 따른 금융상품의 분류

① 화폐시장(money market)

화폐시장은 만기 1년 이내의 금융상품이 거래되는 단기시장이다. 화폐시장에는 콜시장, 기업어음시장, 양도성예금증서시장, 표지어음시장 등이 있으며, 단기금융시장이라고도 부른다. 개별경제주체의 일시적 자금부족을 신속히 조절할 수 있는 수단을 제공함으로써 투자기회상실 최소화, 유휴현금의 기회비용감소를 가져다준다.

② 자본시장(capital market)

장기자금 조달수단인 주식, 채권이 거래되는 시장, 증권시장(securities market)과 같은 의미이며, 여기에는 주식시장과 장기채권시장이 있다.

부채성 금융상품의 분류

자본시장(주식시장)에서 거래되는 주식을 제외하고 부채성 금융상품에 대한 분류는 다음의 표와 같다.

[표 1] 부채성 금융상품의 분류

	직접금융	간접금융
단기	· 단기공사채(180일)	· 요구불예금, 단기저축성예금(1년 이내) · 양도성예금증서(CD, 30~270일) · 기업어음(CP, 30~270일) · 어음관리구좌(CMA, 180일) · 표지어음(30~180일) · 환매조건부채권(RP*, 30일~1년) · MMF, MMDA
장기	· 장기공사채(1년) · 국고채(3년) · 회사채(3년)	· 장기저축성예금(1년 이상) · 은행신탁

*RP(환매조건부채권) : 일정기간 후 일정가격으로 되살 것을 약속하고 채권(국채, 지방채, 회사채)을 판매하는 것을 말한다.

금융시장과 금융상품의 진화는 은행을 비롯하여 저축은행, 증권사, P2P 업계 전반에 걸쳐 경쟁이 촉진시키고 있다. 은행권은 가격경쟁, 조직-채널 정비, 핀테크 역량강화로 대응 움직임을 보이고 있고, 저축은행과 P2P 업계는 중금리시장에서, 증권사는 비대면거래 활성화 분야에서 본격적인 경쟁에 돌입하고 있다. 그러나 은행을 비롯한 금융업계는 핀테크 기술의 발전과 블록체인 사상을 바탕으로 한 암호화폐의 등장으로 새로운 국면을 맞고 있다.

금융시스템의 진화

화폐와 금융의 진화는 금융시스템의 진화와 맞물려 있다. 자본주의 시장경제를 지탱하는 금융시스템을 살펴보는 것은 경제의 진화 분야에서 핵심을 고찰하는 것이다. 금융시스템의 역할은 기본적으로 자금잉여부문인 가계로부터 자금을 동원하여 자금부족부문인 기업에 자금을 공급하고, 공급된 자금이 제대로 사용되는가를 감시하는 것이라고 할 수 있다.

주요 국가들의 금융시스템은 서로 다른 역사적 배경과 금융환경에 따라 발전해 왔으나 한편으로는 세계 금융시장 통합의 영향으로, 다른 한편으로는 상품 및 금융시장에서 경쟁 우위를 확보하는 차원에서 다른 나라의 장점을 도입하면서 적어도 외견상 일정한 방향으로 수렴되는 것처럼 보이고 있다. 이러한 경향은 1980년대의 일본과 독일경제의 미국경제에 대한 상대적 우위, 그리고 1990년대 일본과 독일경제의 침체와 미국경제의 강세로 다른 국가들의 특정 제도가 경쟁력에 영향을 주는 것으로 인식되면서 가속화되었다.

은행중심시스템과 시장중심시스템

금융시스템은 은행중심시스템과 시장중심시스템으로 분류된다. 은행중심시스템에서는 은행이 기업에 대한 자금공급에서 주된 역할을 담당한다. 또한 은행은 기업에 대해 자금을 공급함과 동시에 기업지배구조측면에서도 주된 역할을 담당한다.

전 세계의 금융시스템은 은행중심시스템과 시장중심시스템의 두 흐름이 교차적으로 발전하고 진화하는 양상을 보인다. 1980년대에는 일본과 독일경제의 상대적 발전으로 은행중심금융시스템의 장점이 부각되었지만 1990년대 들어서 일본과 독일경제가 쇠퇴하고 미국경제가 발전하면서 시장중심금융시스템의 장점이 부각되었다. 그러나 최근 들어 주요 미국기업들의 회계부정 등이 드러나면서 시장중심시스템의 문제점도 다시 대두되고 있는 상황이다. 따라서 특정 금융시스템이 다른 금융시스템에 비해 절대적으로 우월하다는 주장을 하기 어렵다.

경제성장이나 기업의 외부자금조달 능력은 특정 금융시스템의 선택보다는 금융의 전반적 발전정도에 영향을 받는 것으로 나타나고 있다. 그러나 전 세계적으로 금융시장 개방이 가속화되면서 각국의 금융시스템은 시장중심금융시스템으로의 변화 압력을 거세게 받고 있다.

한국의 금융시스템 진화

한국은 1990년대 들어 자본시장을 개방하면서 시장중심금융시스템을 지향해 왔다. 특히 1997년 외환위기 이후 자본시장 개방이 대폭 진전되면서 시장중심금융시스템으로의 전환이 본격적으로 추진되었지만 뚜렷한 성과를 거두지 못하고 있다. 외환위기 이후 한동안 기업의 외부자금조달 가운데 회사채발행과 유상증자 등 자본시장을 통한 직접금융의 비중이 급격히 증가하여 한국금융시스템은 일시적으로 시장중심시스템으로 전환되는 모습을 보였다.

그러나 1999년 대우그룹의 부도로 회사채 시장이 마비되면서 자본시장을 통한 자금조달이 급격히 감소하여 2002년에는 은행을 통한 자금조달의 비중이 외환위기 이전보다 증가하였다. 코스닥 시장의 붕괴와 회사채시장의 마비에서 극명하게 나타났듯이 한국의 주식시장과 회사채 시장은 정보불균형 문제를 해결하기 위한 하부구조를 제대로 갖추지 못하고 있어 안정적인 자금조달의 장으로 자리 잡지 못하고 있다. 금융기관의 자금조달구조 측면에서도 한국금융시스템의 은행에 대한 의존도가 외환위기 이전보다 더 커졌다. 자금이 지속적으로 은행권으로 유입되고 있어 금융기관 전체 수신 가운데 은행예금이 차지하는 비중이 외환위기 이전보다 이후에 대폭 증가하였기 때문이다.

따라서 양적 혹은 외형적으로 보면 한국금융시스템은 은행중심시스템이라고 할 수 있다. 그러나 질적인 측면에서 보면 우리나라 금융시스템을 은행중심시스템으로 보기 어렵다. 은행에 자금이 집중되고는 있지만 은행이 고유의 역할을 제대로 수행하지 못하고 있기 때문이다.

은행은 지급결제서비스를 바탕으로 기업에 대한 사적 정보를 생산하고 기업을 감시하는 한편 기업과 장기적 관계를 맺으면서 안정적으로 자금을 공급하는 역할을 수행한다. 이러한 역할은 다른 금융기관이 수행할 수 없는 은행 고유의 역할이며 경제전체의 안정과 발전을 위해 대단히 중요하다. 외환위기 이후 한국의 은행들의 이러한 역할은 외환위기 이전보다 축소되었다.

금융시스템의 진화가 의미하는 시사점

경제진화의 핵심이라 불리는 금융시스템을 앞에서 살펴보았다. 자본주의 시장경제를 지탱하는 금융시스템의 진화가 의미하는 시사점은 다음과 같다.

① 특정 금융시스템의 선택이 경제성장에 영향을 주지 않는다. 은행중심금융시스템을 갖는 국가와 시장중심금융시스템을 갖는 국가의 경제성장률에 유의적인 차이가 존재하지 않는다. 경제성장은 금융시스템보다는 금융의 전반적 발전정도에 영향을 받는다.

② 특정 금융시스템의 선택이 기업의 외부자금조달 능력에 영향을 주지 않는다. 국가별, 산업별 그리고 기업별 자료를 바탕으로 보았을

때 특정 금융시스템의 외부자금조달 능력이 더 좋다는 증거는 없다. 금융시스템보다는 금융의 전반적 발전 정도, 계약관련 법체계의 발전 정도 그리고 투자자권리 보호의 정도가 기업의 외부자금조달에 영향을 준다.

③ 투자자 보호를 위한 법체계 혹은 법 전통에 따라 은행 혹은 시장 가운데 어느 한쪽이 상대적으로 더 발전할 수 있다. 소액투자자 보호를 위한 법조항이 잘 되어 있고 그런 법 조항이 잘 집행되어야 시장중심 금융시스템이 발전될 수 있다. 영국과 미국 같은 보통법 전통을 따르는 나라들의 법체계는 일본이나 독일과 같은 시민법 전통을 따르는 나라들의 법체계보다 투자자권리가 더 잘 보호되고 있기 때문에 시장중심 금융시스템이 상대적으로 더 잘 발달되었다.

④ 국가의 경제발전 단계에 따라 특정 금융시스템의 상대적 발전이 더 필요할 수도 있다. 특히 효과적인 자원배분과 구조조정이 필요한 경제나 첨단기술을 이용하여 성장해야 하는 경제에서는 시장중심금융시스템의 발전이 필요하다.

지금까지 살펴본 화폐와 금융, 금융시스템의 진화는 점진적인 경제진화의 입장에서 고찰한 것이다. 경제환경의 변화와 필요에 의해 문제를 해결하고 개선하는 방향으로 조금씩 발전하는 것을 전제로 화폐와 금융시스템이 진화할 것이라고 예상한 것이다. 그러나 앞으로도 이렇게 진화해 갈 것이라고 누구도 확신할 수 없다. 이제부터 살펴 볼 블록체인과 암호화폐는 경제진화론의 혁신과 불안이라는 두 측면을 보여준다.

핀테크 금융과 가상화폐

핀테크 금융

여기에서는 지금까지 설명한 '전통은행금융시장' 과는 판이한 모습으로 등장하여 금융시장의 판도를 흔들고 있는 '핀테크 금융' 을 소개하고자 한다.

인터넷전문은행*을 기반으로 하는 "핀테크"는 원래 '금융 (Finance)' 과 '기술(Technology)' 의 융합을 나타내는 합성어이다. 다시 풀이하면 IT기술을 기반으로 기존 전통금융의 문제를 간편하게 풀고 새로운 금융서비스를 제공하는 금융 분야이다. 서비스 시간대도 기존 은행이 일정한 주간 시간대에 지정장소에서 대면거래(face to face)에 의해서만 제한적으로 이루어지던 것에 반해, 핀테크 금융은 24시간 주야를 막론하고 언제 어디서나 원하는 서비스를 비대면거래로 처리하여 고객이 원한 시간과 장소에서 바로 이루어지는 게 특징이다.

핀테크 분야는 송금, 자금결제, 크라우드펀딩, P2P 대출, 자산관리 및 소셜투자, 보험 등 6가지 분야이다. 핀테크는 최근에 이르러 글로 벌 금융시장의 발전추세에 따라 진화(evolution)를 거듭하고 있는데 그 특징은 다음과 같다.

첫째, IT기술이 진화하며 금융거래기술에 융합되고 있다.

둘째, 금융거래가 국경을 넘어서 글로벌 거래로 확대되고 있다.

셋째, 온라인상에 숫자로만 존재하던 신용화폐가 널리 현실적으로 범용되고 있다.

넷째, 금융플랫폼 개방시대의 도래로 다양한 선진 서비스를 공유하게 된다.

*인터넷전문은행 : 점포 없이 인터넷과 콜센터에서 예금 수신이나 대출 등의 업무를 하는 은행이다. 소규모 조직만 가지고 지점망 없이 운영되는 저비용 구조로 인해 기존 거대 은행에 비해서 예대마진과 각종 수수료를 최소화하면서도 수익을 낼 수 있도록 해준다. 따라서 고객에게 보다 높은 예금금리, 낮은 대출금리, 저렴한 수수료 등이 장점이라 할 수 있다. 미국과 유럽에선 이미 1990년대부터 인터넷은행이 다수 등장하였으며, 일본에서도 2000년대에 등장하여 운영되고 있다. 국내에서는 2016년 12월 케이뱅크(K뱅크)가 금융위원회의 본인가를 받고 2017년 4월 3일 출범해 한국의 첫 인터넷은행이 되었고, 2017년 7월 27일에는 카카오뱅크가 정식 영업을 시작해 두 번째 인터넷은행이 됐다. 〈뉴포커스 시사일반상식 참조〉

핀테크 서비스

본격적인 핀테크 시대가 도래하면서 다양한 새로운 금융상품이 등장하는데, 대체로 송금, 결제, 투자, 소액대출, 자산관리, 보험 등이 여기에 해당한다. 그러나 나라마다 금융규제가 달라서 실행하는 데 많은 제약이 있다. 우리나라도 예외가 아니다.

① 송금(국내 및 해외송금)

송금은 격지간의 자금이체를 말하는데 금융과 IT기술이 결합한 핀테크는 금전을 주고받는 업무인 송금이 중요한 시발점이 된다. 종전에는 은행이나 ATM을 송금 의뢰인이 직접 찾아가 돈을 입금하고 이체처리를 했으나, 핀테크시대에는 고객기반을 갖춘 SNS 기업과 휴대전화 제조사, 온라인에서 가장 많이 방문하는 포털 등 새로운 플레이어들이 등장하고 이들이 자신들이 가진 고객기반, 디바이스 플랫폼, 인터넷 플랫폼 등을 통해 송금(국내 또는 해외) 의뢰인과 수취인을 빠르고 간편하고 저렴한 비용으로 직접 연결시켜 자금이체 목적을 달성한다.

예컨대, 아프리카의 오지인 케냐의 통신사인 사파리콤(Safaricom)에서 출시한 엠페사(M-PESA)는 모바일 머니를 이용하는 모바일 송금 서비스이다. 엠페사는 2012년에 등장하여 케냐 인구의 38%인 1,700만 명이 이용하고 GDP의 31%인 180억 달러의 자금이 거래(송금)되는 이 나라의 주요 지급결제수단으로 자리 잡았다. 케냐 통신청은 2014년 9월 기준 휴대전화 보급률이 80.5%에 달했다고 밝히고 있다. 현금 위주로 움직이던 케냐는 엠페사 등장 이후 핀테크(fintech, 금융과 정보기술을 접목한 산업) 혁신의 대명사로 부상했으며, 미 경제지 포춘은 '세상을 바꾸는 기업' 1위(2015년)로 사파리콤과 보다폰을 꼽았다.

또 하나의 사례로 비트코인(bitcoin)을 들 수 있다. 2008년 사토시 나카모토라는 익명의 프로그래머가 개발한 P2P 기반의 가상화폐가 바로 비트코인이다. 가상화폐란 실물 없이 온라인상에서만 정보형태로 거래되는 '전자화폐'를 말한다. 비트코인이라는 가상화폐는 상대방 지갑(계좌)의 주소(숫자와 영문이 혼합된 번호)만 알면 앱 마켓에서 비트코인 앱을 다운받아 주소(계좌번호)와 QR코드(Quick Response code)를 얻어내면 플랫폼 송금 준비는 끝난다.

비트코인의 가격은 바로 수요와 공급의 원칙에 따라 결정되며, 플랫폼에 관계없이 언제 어디서나 현금교환이 가능하다. 이 비트코인은 원화, 달러, 유로화, 엔화 등 다양한 통화와 교환이 가능하다. 또한 송금수단으로 이용이 가능하며 개인간 거래나 거래소를 통해서 매매할 수 있다. 비트코인은 블록체인과 암호화폐와 관련하여 뒤에서 좀 더 깊이 다룰 것이다.

② 결제(간편결제)

핀테크의 결제는 온라인 결제와 오프라인 결제로 나뉜다. 온라인 결제는 인터넷이나 스마트폰으로 구매 또는 결제를 행하는 것을 말한다. 이에 반해서 오프라인 결제는 매장에서 물건을 구매할 때 현금이나 신용카드로 결제하는 것을 말한다. 오프라인 결제는 판매자와 구매자의 대면거래(face to face)에서 이루어진다. 애플페이(Apple Pay) 및 페이팔(Paypal), 알리페이(Alipay), 카카오페이(Kakaopay)가 대표적

결제 핀테크이다. 이들은 결제도구가 모바일이란 점이 다르다. 그만큼 진화한 것이다.

온라인 결제 절차는 PG사(Payment Gateway=대표가맹점)가 중심이 되어 이루어진다. PG사는 온라인 가맹점에 결제수단을 제공해 주는 사업자이다. 따라서 PG사는 각 카드사와 가맹점계약을 미리 맺어 놓고 카드사별로 서로 상이한 온라인 결제방식을 모두 지원하는 모듈(module)을 만들어 고객인 소규모 가맹점들에게 이를 제공한다. 그리하여 카드사는 PG사의 결제모듈을 쇼핑몰에 연결만 하면 모든 결제 절차는 마무리된다.

삼성은 2015년 3월 삼성페이(Samsung Pay)를 출시했다. 이는 신용카드 뒷면의 마그네틱 띠의 저장정보 내용을 자기장으로 만들어 내장하는 기술을 보유하고 있는 미국 루프페이(LoopPay)를 인수하고 그 혁신적인 기술을 탑재하여 삼성페이를 고안한 것이다.

삼성페이는 갤럭시폰의 카메라를 통한 문자인식 방법으로 카드번호를 인식한다. 그리고 이 정보를 암호화하여 스마트폰 내부에 저장해 두고, 결제시 지문인식을 통해 본인임을 인증하며 자기장을 형성해 결제를 유도한다. 이때 3인치(약 7.6cm) 이상 떨어지면 기기에서 읽을 수 없도록 자기장을 약하게 발생시킨다. 사용자가 인식하지 못하는 사이에 결제되지 않도록 하기 위한 사전적인 강력한 보안조치이다.

글로벌시장에서 삼성과 경쟁하는 애플은 2014년 10월에 이미 애플페이를 출시했는데, 이것은 지문인식 기능인 터치 ID를 통해 본인인증을 하고 모바일월렛인 아이폰 애플리케이션 패스북을 통해 등록된 신용카드를 관리하는 것으로서 다소 복잡하다.

해외 온라인결제 서비스로는 페이팔(PayPal)과 알리페이(AliPay) 등 여러 결제도구가 있다.

삼성페이와 함께 국내에서는 카카오페이(Kakao Pay)가 등장했다. 카카오페이는 카카오톡 앱에 신용카드정보를 등록한 뒤 인터넷 쇼핑몰에서 쇼핑할 때 비밀번호 입력만으로 간편하게 결제할 수 있는 결제 서비스인데, 신용카드를 최대 20개까지 등록할 수 있다. 인터넷 쇼핑에서 결제할 때마다 각종 플러그인을 설치하고 카드번호와 유효기간, 비밀번호를 입력해야 했던 기존 결제의 불편함들을 대폭 줄여 자신이 설정한 비밀번호만으로 즉시 결제가 이루어진다.

이 밖에도 온/오프라인에서 수많은 핀테크 지불결제 서비스가 등장하고 있다.

③ 크라우드펀딩(대중 · 집합투자)

크라우드펀딩(Crowd Funding)은 핀테크의 한 분야로서 그 의미는 Crowd(대중)+Funding(기금), 즉 대중이 함께 만드는 기금이란 뜻이다. 2015년부터 당국에서 허용되고 있는 자금조달방식인데, 일반적으로 말하면 십시일반(十匙一飯) 형태의 자금 끌어모으기이다. 창업-벤처-중소기업의 자금을 조달하는 취지로 출발했다. 예컨대, 특정사업을 벌릴 경우 해당 사업의 아이디어에 대한 투자금을 익명의 다수 투자자에게서 모을 수 있도록 한 제도이다. 일반투자자에게는 건당 200만원, 연간 500만원의 투자한도를 허용한다. 그리고 적격투자자는 건당 1,000만원, 연간 2,000만원까지 허용된다.

2017년 상반기 기준 크라우드펀딩의 주요 실적(17개월간)을 보면, 197개 기업이 펀딩에 성공하였으며, 13,221명의 투자자로부터 총 295억원의 자금을 조달했다. 업종별로는 제조업, IT-모바일 업종이 주를 이루고 있으며, 영화를 비롯한 문화콘텐츠 업종의 성공사례가 상당수에 이르고 있다. 모집 규모별로는 2억원 이내의 소규모 펀딩 사례에서 성공률이 높아지고 있다.

크라우드펀딩은 투자목적 및 투자방식에 따라 후원형, 기부형, 대출형, 지분투자형 등으로 나뉜다.

④ P2P 대출(소액대출)

P2P 대출(Person to Person 대출)은 온라인상에서 대출을 원하는 사람이나 중소기업이 여윳돈으로 높은 수익을 원하는 개인이나 기업과 연결시켜주는 서비스를 말한다. 이는 높은 은행금리에 비해 대출금리를 대폭 낮출 수 있는 것이 최대 장점이다. 2005년 영국을 시작으로 미국과 중국에서 P2P 대출 플랫폼이 등장하기 시작했다. 우리나라도 2007년에 머니옥션과 팝펀딩이라는 P2P 플랫폼 서비스가 등장했다. 이와 같이 전 세계적으로 빠른 속도로 성장하고 있는 P2P 대출시장은 핀테크의 기반을 형성하는 기술혁신과 2008년 이후 다가온 글로벌 금

융위기 여파로 공공 대출금융 위축에서 오는 대안적 상품이다. 주로 대상은 중소기업과 저신용 서민층 대출수요자가 여기에 해당한다. 이 대출은 기존 금융회사 대출과 기본적인 구조는 비슷하나 대출을 해주는 주체가 금융회사가 아니라 다수의 일반투자자란 점과 중간에 중개기관 없이 투자자와 대출신청인이 온라인 플랫폼을 통해 직접 거래한다는 점에서 큰 차이가 있다.

우리나라의 경우 금융당국에서 정한 엄격한 "P2P 대출 가이드라인"에 따라 당사자들이 이 원칙하에서 준수의무를 다하면서 거래를 이행하고 있다. P2P 대출상품 투자시 유의사항은 투자원금보장이 안 되고 손실 가능성이 있다는 점, P2P 업체의 회계투명성 확인, 영업방식의 건전성 등을 사전에 꼭 확인하도록 되어 있다.

우리나라 P2P 대출시장은 개인대출, 창업자금조달 목적으로 운영되는데, 직접 대출 업무 대신에 법규상 대부업이 가능한 저축은행을 통해 우회적인 방법으로 대출중개업의 형태를 취하고 있다. 앞으로 이를 활성화하는 경우, 중소기업 중금리 자금조달 창구로 크게 역할을 할 것으로 보인다.

⑤ 자산관리 소셜(SNS)투자(빅데이터 기반)

문화핀테크시대에 접어들어 비대면 계좌개설로 인해 소액자산가 혹은 사회 초년생을 대상으로 한 자산관리 서비스가 가능해졌고, IT 기술 기반의 자산관리는 고객에 따라 달라지는 최적화된 자산관리솔루션을 제공할 수 있으며, 저렴한 관리비용으로 이를 지속적 장기적으로 관리할 수 있게 된다.

자산관리 : 핀테크 선진국인 미국과 영국에서는 이미 핀테크를 활용한 자산관리 서비스가 확대되고 있으며 주로 자산포트폴리오 제공, 금융상품 비교, 투자자문 등이 활발히 이루어지고 있다. 자산관리 서비스의 궁극적인 목적은 고객의 자산을 키워주거나 금융위기로부터 방어하는 것을 말한다. 최근 로봇이 전체 산업에서 점하는 비중이 높아지고 있는데, 금융분야에서도 그 역할이 커지고 있다. '로보어드바이저'(Robo Advisor)라고 불리는 온라인 금융자산관리 서비스는 컴퓨터 알고리즘을 바탕으로 전통적인 자문사보다 낮은 수수료에 고객의 포트폴리오를 관리하는 온라인 금융자문사이다. 이들은 주로 인터넷을 통해 고객의 재테크 설계를 도와주고 수수료를 받는다. 미국에서 2008년 글로벌 금융위기 이후 이 분야에 뛰어드는 벤처기업이 빠르게 증가하고 있다. 로보어드바이저의 대표 서비스로는 미국의 베터먼트(Betterment)와 웰스프런트(Wealth Front)가 있다. 2008년 뉴욕에서 설립된 베터먼트는 고객의 현재 자산상태와 은퇴상태, 투자상황에 맞춰 글로벌 투자상품의 포트폴리오를 제시한다. 기존 자산관리 서비스가 주로 PB(Private Banking)에 의한 면대면(face to face) 또는 전화상담 위주로 이루어진 데 반해서, 베터먼트는 철저한 온라인 서비스를 지향하고 있다. 이에 대하여 2008년 같은 해에 설립된 웰스프런트는 온라인을 통해 투자정보와 자문을 전달하는 서비스인데, 기존 증권사나 투자자문사에 비해 저렴한 수수료로 고객의 성향에 맞춘 투자상품을 추천하고 매매타이밍도 알려준다. 특히 단순 알고리즘만으로 분석하

는 것이 아니고, 국내 유수 전문가 투자팀을 통해 포트폴리오를 구성하고, 여기에 빅데이터 등의 IT 기술을 융합해 전문성과 효율성을 함께 두루 갖추고 있다.

소셜투자(투자정보) : SNS는 'Social Network Service'의 약자로, 인터넷을 통해 서로의 생각이나 정보를 주고받을 수 있게 해주는 서비스를 말한다. 여기서 출발하여 이루어지는 투자정보제공 서비스는 핀테크의 자산관리에서 중요한 서비스 분야이다. 주식투자에 활용되며, 다양한 공식-비공식 정보를 빅데이터로 분석하고 이를 SNS 플랫폼으로 구현한 것이 '소셜트레이딩'이다. 주식투자와 소셜네트워크를 결합한 서비스가 바로 여기에 해당한다. 서비스 이용자에게 수익률 상위투자자의 주식보유현황과 포트폴리오를 보여주고, 서비스 구성은 트위터(Twitter)와 같은 SNS를 이용하는 것처럼 느껴진다. 그리하여 전체적인 투자흐름을 충분히 읽게 한다.

2011년 초 영국 더웬트캐피털(Derwent Capital)이 트위터 분석을 통해 펀드 투자에서 성과를 거둔 것이 좋은 사례가 되고 있다. 수백만 건의 트윗 중 주식시장과 관련 있는 10% 정도를 분석해 투자심리를 파악해 보니 S&P 500 지수가 2.2% 하락한 2011년 7월 일반 헤지펀드 운용수익률은 0.76%에 그쳤으나 더웬트는 1.86%를 달성했다고 한다.

빅데이터를 분석하여 투자정보 서비스를 제공하는 금융리서치 플랫폼인 '스넥(SNEK)'을 운용하는 우리나라 금융인공지능 스타트업인 '위버플(Uberple)'은 핀테크시대에 주목받는 기업이다. 스넥은 각종 뉴스 정보와 웹 콘텐츠를 수집하여 증권 전용 검색엔진과 이를 재가공하고 매매분석 데이터와 매칭시키는 빅데이터 엔진을 자체 개발했다. 위버플은 주식정보 서비스 외에도 자산관리 서비스로 영역을 확장하고 있다.

⑥ 보험(사물인터넷과의 결합)

운전경력이 적은 젊은 초년 운전자가 자동차보험에 가입하려면, 비싼 보험요율을 적용 받을 수밖에 없다. 그런데 이 경우 보험사에서 받은 자동차 진단 포트에 꽂는 소형기기를 장착하고 3개월간 운전한 뒤, 자동차 운행자료를 분석하면, 자동차를 운행하면서 그 기기를 통해 실시간으로 전송된 주행거리, 운전시간대, 급제동 등 주행습관 데이터가 실시간으로 확인되기 때문에 그 결과에 따라 보험사로부터 낮은 사고발생확률을 적용받을 수가 있다.

이와 같은 사례처럼, 사물에 지능을 부여하고 네트워크로 연결해 정보를 공유하는 사물인터넷(IoT)을 활용한 보험(사물인터넷보험)산업에서의 핀테크 활용이 활발하게 진화하고 있다. 자동차보험의 경우 연령, 차량 등 기반보험료 산정방식에서 개인행동 기반 보험료 산정방식으로 바뀌고 있는 것이다.

자동차보험사가 사물인터넷을 이용해 가입자의 운전습관을 파악해서 보험요율을 책정하는 것처럼, 건강보험사도 가입자의 운동량을 측정해서 요율 결정에 활용하고 있다.

미국 건강보험사 휴매나(Humana), 시그나(Cigna)는 핏비트(Pitbit)와 같은 운동량 측정 웨어러블 디바이스를 활용하기 시작했다. 가입자가 기기를 장착하고 운동 목표량을 달성하면, 보상을 해주는 방식이다.

국내에서도 2015년 1월 KT와 흥국화재해상보험이 업무협약을 체결하고 한국형 UBI(Usage-Based Insurance)상품을 출시했다. 운전자 습관에 따라 보험료 부담이 달라지는 보험상품이다. KT는 차량에 장착된 사물인터넷(IoT) 기반 차량정보 수집장치를 통해 실시간 운행정보를 확보하고, 빅데이터 기술이 적용된 분석 툴(tool)인 'UBI 솔루션'을 활용해 운전자의 운행패턴을 분석하는 시스템을 담당한다. 흥국화재는 KT가 제공하는 정보를 활용해 사고발생과의 상관관계를 분석하고 UBI상품을 개발해 출시하게 되었다.

미국의 경우는 2013년에 보험사 스테이트팜(State Farm)이 보안업체 ADT(보안전문기업) 및 대형 가정용품 유통업체 로이스(Lowe's)와 협약을 맺고 보험 고객이 협력업체가 제공하는 가정용 보안제품 및 스마트 센서 제품을 구매할 경우 주택보험료를 대폭 할인해 주는 서비스를 운용하고 있다.

보험산업에서 핀테크는 주로 빅데이터를 활용해 보험을 인수(Underwriting)하는 심사시간 단축 및 간편화 방향으로 진화 발전하는 추세에 있다.

핀테크 금융을 중심으로 하는 인터넷전문은행인 케이뱅크와 카카오뱅크가 2017년에 각각 출범했는데, 기존의 금융기관들인 은행을 비롯하여 저축은행, 증권사, P2P 업계 전반에 걸쳐 경쟁이 촉진되고 있다. 은행권은 가격경쟁, 조직-채널 정비, 핀테크역량 강화로 대응 움직임을 보이고 있고, 저축은행과 P2P 업계는 중금리시장에서, 증권사는 비대면거래 활성화 분야에서 본격적인 경쟁에 돌입하고 있다.

블록체인과 비트코인의 등장
- 기존 화폐 통화 시스템을 흔들다

경제진화의 관점에서 블록체인과 비트코인 같은 암호화폐의 등장은 실로 혁명적인 변화이다. IT 기술과 학문의 융합으로 인하여, 다윈의 진화론에서 영감을 받은 진화경제론은 이제 경제학 그 자체만으로 감당할 수 없는 상황이 되었다. 앞에서 다루었던 핀테크 금융도 결국은 인터넷과 IT 기술을 기반으로 설명될 수 밖에 없는 경제 진화 현상이다. 블록체인과 암호화폐는 핀테크 금융에서 한발 더 나아가 지금까지 논의해 왔던 진화경제론을 처음부터 다시 생각하게 만드는 계기가 될 수 있는 아이디어이다. 다만 비트코인과 같은 암호화폐가 주류 경제로 편입될 수 있을지는 좀 더 지켜봐야 한다. 블록체인 암호화폐에 대하여서는 여러 측면에서 살펴야 할 내용이 한두 가지가 아니지만 여기서는 경제진화론의 관점에서 고찰하는 선에서 그칠 것이다.

가상화폐와 암호화폐

가상화폐와 암호화폐를 알고자 하면 블록체인의 의미를 제대로 파악해야 한다. 그러나 그전에 가상화폐와 암호화폐의 의미에 대해 짚어볼 필요가 있다.

가상화폐는 종전에 은행의 거래시간에서만 다루고 있었던 예금이나 현금의 거래를 때와 장소 구별 없이 모바일을 통해 마음대로 수급되는 지급수단이다. 이는 "가치의 전자적 표시(digital representation of value)"를 의미한다.

암호화폐는 탈중앙화방식으로 생성되고 운영되는 신개념 화폐이다. 기존 은행처럼 거래장부가 은행이라는 중앙 서버에 저장되는 것이 아니라 다수의 컴퓨터에 분산되어 저장된다. 따라서 암호화폐는 특정 주인이 없고 동시에 사용하는 모든 이용자들이 주인인 화폐이다. 국내거래뿐만 아니라 국경을 넘어 글로벌 거래로 이루어지며 어느 특정 국가에도 속박당하지 않고 누구도 임의로 화폐량을 늘리거나 줄일 수 없다. 컴퓨터와 인터넷만 있으면 누구나 어디서든지 활용할 수 있는 시스템인 것이다.

가상화폐*에 대한 학계의 합의된 정의는 없으나 IMF, ECB 등 국제기구에 따르면, 중앙은행 또는 금융기관이 아닌, 민간에서 창출한 '가치의 전자적 표시(digital representation of value)'를 의미한다. 따라서 법률적으로 '법정통화'가 아니며 핀테크 금융에서 P2P방식 거래의 진화형태로 보는 것이다.

2018년 6월 프랑스 파리에서 열린 제29기 제3차 자금세탁방지기구(FATF) 총회에서는 가상통화를 'Virtual Currencies(가상통화) 혹은 Crypto-Assets(암호자산)'로 표현하기로 결정했다.

가상화폐나 암호화폐*의 개념이 진화경제론의 관점에서 중요한 이유는 경제진화의 중심이 된 화폐가 지금까지의 화폐와는 전혀 다른 형태, 다른 개념으로 다가오기 때문이다. 블록체인과 비트코인 편에서 더 자세히 살펴보겠지만 암화화폐는 화폐를 중심으로 한 실물 경제가 만들어 낸 수많은 모순과 문제점들을 근본적으로 해결할 수 있는 아이디어를 담고 있다.

*가상화폐(Virtual Currency) : 지폐나 동전과 같은 실물이 없이 네트워크로 연결된 가상공간에서 전자적 형태로 사용되는 디지털 화폐 또는 전자화폐를 말한다. 전자화폐란 금전적 가치를 전자정보로 저장해 사용하는 결제 수단으로 정보를 담는 방식에 따라 IC카드형과 네트워크형으로 구분하는데, 그중 네트워크형 전자화폐를 가상화폐(Virtual Currency)라 한다. 가상화폐는 실물 없이도 거래가 가능한 다양한 결제수단을 포함한다. 온라인상에서 결제가 가능한 카카오페

이 등의 간편결제가 대표적이다. 유럽중앙은행(ECB)은 가상화폐를 '민간 개발자가 발행·통제하며 정부 규제가 없는 화폐'로 '특정 가상 세계에서 통용되는 전자화폐의 하나'라고 정의했다. 〈뉴포커스 시사일 반상식 참조〉

*암호화폐(Cryptocurrency) : 암호화폐란 암호를 사용하여 새로운 코인을 생성하거나 거래를 안전하게 진행할 수 있도록 매개하는 화폐를 말한다. 디지털 화폐 또는 가상화폐의 일종이다. 2009년 최초의 암호화폐인 비트코인이 출현했고, 이후 이더리움, 라이트코인, 리플, 모네로, 에이코인 등 수많은 암호화폐가 등장했다. 발행처가 분명한 다른 가상화폐와 달리 발행 주체가 명확하지 않고 현실에서도 통용할 수 있다는 차이점이 있다. 그러나 대개 가상화폐라고 하면 암호화폐를 일컫는 경우가 많다. 세계적으로 암호화폐라고 부르지만, 한국에서는 암호화폐를 가상통화라고 부른다. 가상화폐나 디지털화폐가 암호화폐와 유사한 개념이기는 하나, 동일한 개념은 아니다. 유럽중앙은행(ECB), 미국 재무부, 유럽은행 감독청에서 내린 정의에 따르면, 가상화폐란 정부에 의해 통제 받지 않는 디지털 화폐의 일종으로 개발자가 발행 및 관리하며 특정한 가상 커뮤니티에서만 통용되는 결제 수단을 말한다. 〈뉴포커스 시사일반상식 참조〉

블록체인과 비트코인

진화경제론에서 암호화폐의 함의를 이해하려면 먼저 블록체인*의 개념을 파악해야 한다. 첫 암호화폐인 비트코인*이 블록체인이라는 기술(알고리즘)을 바탕으로 탄생되었기 때문이다. 사람들은 비트코인을 단순히 화폐, 즉 돈으로만 생각한다. 비트코인에 붙어 있는 코인이라는 단어가 주는 이미지 때문일 것이다. 정확히 말하자면 비트코인은 암호화폐 단위이면서 화폐 시스템이기도 하다.

비트코인은 2008년 10월 31일 사토시 나카모토라는 익명의 프로그래머가 커뮤니티 사이트에 '비트코인'이라는 제목의 논문을 올리면서 알려졌다. 논문의 원제목은 'Bitcoin : A Peer-to Peer Electronic Cash System'이다. 개인 대 개인으로 직거래하는 전자화폐시스템 정도로 번역되는 제목이다. 여기에서 처음 비트코인이라는 단어가 등장한다.

사토시는 이 논문에서 비트코인을 암호화폐(crypto currency)라고 하지 않고 전자화폐(electronic cash)라고 표현했다. 사토시의 제목처럼 개인 대 개인이 직거래하는 전자화폐시스템이 비트코인인 것이다. 처음 이 논문이 발표되었을 때는 논문에 담긴 아이디어가 몰고 올 파장을 아무도 몰랐다. 전통적인 화폐 시스템의 개념을 뿌리째 흔들고 경제시스템의 패러다임을 바꿀 수도 있다는 잠재력은 오랜 시간이 지나서야 확인되었다.

*비트코인**(Bitcoin) : 비트코인은 블록체인 기술을 기반으로 만들어져 온라인에서 사용하는 전자화폐로 별도의 발행처나 관리기관이 없고 누구나 발행하거나 사용할 수 있다. 비트코인 기술을 처음 고안한 사람은 '사토시 나카모토' 이며, 비트코인은 생긴 지 5년 만에 시가총액으로 세계 100대 화폐 안에 들어갈 정도로 성장했다. 사토시 나카모토는 '비트코인: P2P 전자화폐 시스템'(Bitcoin: A Peer-to-Peer Electronic Cash System)이라는 논문에서 비트코인을 전적으로 거래 당사자 사이에서만 오가는 전자화폐로 정의했다. 비트코인의 가장 큰 장점은 익명성이다. 비트코인은 특정 관리자나 주인이 없는 P2P 방식으로 작동하며, 개인이나 회사가 아닌 여러 이용자 컴퓨터에 분산 저장되며, 비트코인에서 10분에 한 번씩 만드는 거래 내역 묶음이 '블록' 이다. 비트코인을 얻는 것을 채굴(Mining)이라 하는데 비트코인을 설계할 때 2145년까지 2,100만개의 비트코인만 채굴할 수 있도록 했다. 〈뉴포커스 시사일반상식 참조〉

*블록체인**(Blockchain) : 블록체인이란 '블록(Block)'을 잇따라 '연결(Chain)' 한 모음의 형태이며 피투피(P2P) 방식을 기반으로 한다. 가상화폐인 비트코인(Bitcoin)의 핵심기술로 주목받고 있지만 '비트코인(Bitcoin)' 은 수많은 블록체인 기술의 하나일 뿐이다. 온라인 금융 거래 정보를 블록으로 연결하여 피투피(P2P) 네트워크 분산 환경에서 중앙 관리 서버가 아닌 참여자(피어, peer)들의 개인 디지털 장비에 분

산·저장시켜 공동으로 관리하는 방식이 블록체인이다. 일정 시간 동안 반수 이상의 사용자가 거래 내역을 서로 교환해 확인하고 승인하는 과정을 거쳐, 디지털 서명으로 동의한 금융 거래 내역만 하나의 블록이 된다. 그리고 새로 만들어진 블록을 이전 블록체인에 연결하고, 그 사본을 만들어 각 사용자 컴퓨터에 분산시켜 저장한다. 따라서 기존 은행처럼 거래 장부용 데이터베이스로 관리할 필요가 없어 관리 비용이 절감되며, 분산 처리로 해킹이 어려워 금융 거래의 안전성도 향상된다. 블록체인은 대표적인 핀테크(FinTech) 기술로 비트코인 이외에도 클라우드 컴퓨팅 서비스 등 다른 온라인 금융거래에 활용될 가능성도 크다. 〈뉴포커스 시사일반상식 참조〉

사토시가 비트코인 논문을 발표하고 직접 비트코인을 만든 이유는 기존 은행 중심의 금융시스템에 대한 불신과 분노 때문이다. 앞에서 살펴본 화폐의 역사에서 경제주체인 대중은 항상 소외되어 있었다. 2008년 미국 리먼 브라더스의 파산으로 시작된 금융 위기는 금융계를 공황 상태에 빠뜨렸고 그 파장은 전 세계로 확대되었다. 분노한 사람들은 '우리는 99%다' 라는 슬로건을 구호로 월 스트리트 점령운동을 전개했다. 월가의 금융위기가 터지고 은행들이 지급불능에 빠지자 미국중앙정부가 달러를 마구 찍어내며 은행을 도와줬다. 정부가 은행을 살리겠다고 화폐 발행을 남발하면서 99%의 서민들의 삶은 더 어려워졌고 이런 상황에서 경제주체인 서민들의 저항이 시작된 것이다. 그런데 월 스트리트 점령운동이 기존의 시위와 달랐던 점은 국가가 아니라 개인이 새로운 금융 화폐 시스템을 제안했다는 점이다. 전통적인 금융시스템으로는 모두가 바라는 공정한 경제 공동체를 실현할 수 없다는 절망감과 정부에 대한 불신, 그리고 누구나 손쉽게 접근할 수 있는 IT 기술력이 맞물려 지금가지 경험해보지 못한 초유의 진화가 시작된 것이다.

블록체인과 비트코인은 기존의 화폐시스템과는 근본적으로 다른 형태의 화폐시스템을 제안했다. 블록체인은 한마디로 탈중앙화 자율적 조직(Decentralized Autonomous Organization, DAO)을 만드는 알고리즘이다. 말하자면, 중앙에 어떤 기관도 존재하지 않고 개인들이 서로 네트워크를 통하여 움직이는 시스템을 만드는 아이디어이다. 블록체인을 바탕으로 한 비트코인 시스템은 중앙에서 제어하는 단체나 조직이 없고 은행 같은 호스트 서버도 존재하지 않는다. 개인의 컴퓨터가 분산형 서버이고 알고리즘에 의해 자동으로 작동되는 분산원장 시스템이다. 분산원장시스템은 지금까지 국가가 주도하는 자본주의 경제 구조에서는 한번도 가져 보지 못한 금융시스템이다. 블록체인의 분산원장시스템은 경제 주체 간의 거래 관행을 바꾸고 국가에서 통제하는 화폐시스템의 구조까지 바꿀 가능성이 있다. 그러나 여전히 풀어야 할 과제가 많다. 과연 암호화폐시스템이 주류 경제에 편입될 것인가 하는 문제는 좀 더 두고 봐야 한다.

***분산원장기술**(DLT, Distributed Ledger Technology) : 분산원장 기술이란 다수 참가자가 일련의 동기화된 원장을 공동으로 관리하는 기술이다. 분산원장기술에는 전통적 금융시스템과 달리 거래정보가 기록된 원장을 관리하는 책임과 권한이 집중된 제3의 신뢰기관(TTP) 이 존재하지 않는다. 분산원장기술은 블록체인(block chain)이라는 용어를 사용하기도 한다. 일정 시간 동안 발생한 거래 내역을 모아 블록(block) 단위로 기록 및 검증하고 이를 기존 블록에 연결(chain)해 나가는 방식을 계속해 감으로써 인위적인 기록의 변경이나 가감을 사실상 불가능하게 하는 것이 이 기술의 핵심이기 때문이다. 〈뉴포커스 시사일반상식 참조〉

은행여신심사제도의 진화

오늘날 경제의 진화는 화폐시스템 변화뿐만 아니라 금융정책의 변화에서도 잘 나타난다. 대표적인 것이 은행의 여신심사제도의 변화이다.

2018년 7월 23일부터 금융감독위원회는 농협, 신협, 수협, 새마을 금고 등의 여신심사에 DSR(Debt Service Ratio, 총부채원리금상환비율)제도를 도입 시행하였고, 저축은행은 동년 10월에 실시한다.[40]

과거에도 아파트가격이 급등함에 따라 정부는 수요자로 하여금 자금조달수단으로 가장 손쉬운 아파트담보대출의 수요증가를 대폭 유발시켰고, 이는 저금리를 바탕으로 한 시중의 과잉유동성과 맞물려 더욱 아파트 가격상승을 촉진시키는 결과를 가져왔다.

다음 [그림 2]는 2012년부터 2016년 1분기까지 우리나라 주택담보대출 잔액의 변동추이를 나타내고 있는 한국은행 통계자료에 의한 그림인데, 가계부채증가액도 함께 표시하고 있다.

가계부채 총 증가는 2012년 963.8조원에서 2013년 1,019조원으로 5.72% 증가했는데 이 증가율이 2014년에는 6.5%로 더 높아졌고, 다시 2015년에는 1,207조원으로 전년 대비 11.21%나 급상승했다. 결국은 2012년에서 총 4년 동안에 963.8조원에서 1223.7조원으로 늘어 26.96%나 증가했다.

같은 기간에 은행권 주택담보대출은 318.2조원에서 407.1조원으로 늘어 27.93% 증가율을 보이고 있다. 이와 같이 4년간에 30% 가까이 가계부채가 늘어난 것은 주택담보대출이 그 만큼 증가한 데 기인된다.

---

40) 매일경제, 2018.7.18.

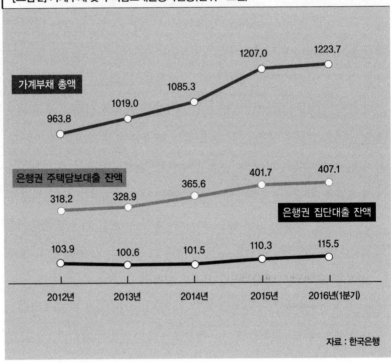

[그림 2] 가계부채 및 주택담보대출증가현황(단위 : 조원)

가계부채 총액

963.8　1019.0　1085.3　1207.0　1223.7

은행권 주택담보대출 잔액

318.2　328.9　365.6　401.7　407.1

은행권 집단대출 잔액

103.9　100.6　101.5　110.3　115.5

2012년　2013년　2014년　2015년　2016년(1분기)

자료 : 한국은행

　은행의 주 수익원은 대출이자 수입이다. 아파트 등 주택담보대출
은 부대적 취급비용이 비교적 낮고 손쉽게 다루어지는 여신상품에 해
당한다. 그리고 이 대출을 사전에 심의하는 여신심사제도는 우리나라
가 1960년대 수출주도의 경제성장형 개발정책을 펼치던 시기에 무작
정 기계적인 관행처리로 이루어져서 보통예금 인출과 거의 다를 바 없
는 단순절차를 밟고 있었다.
　심지어 1997년 말의 금융위기 이후 IMF와의 협약사항 이행조건으

로 도입된 금융기관 '리스크관리제도' 라는 낯선 제도가 처음 들어오기 전까지만 해도 별다른 차이 없이 모든 은행에서 이러한 관행이 그대로 이루어지고 있었다.

2018년 DSR의 도입은 정부가 가계부채리스크를 체계적으로 관리하기 위해 도입했다. 가계부채 총량의 안정적 관리를 위해 가계대출 증가율 관리목표를 설정해 놓고 그 관리를 통해 금융권 가계부채총량을 관리하는 방식이다. 즉, 돈을 은행에서 빌려가는 차주의 상환능력을 중심으로 대출관행을 정착시키기 위해 총부채원리금상환비율(DSR)제도를 관리도구의 핵심원리로 다스리겠다는 것이다.

DSR은 주택담보대출뿐만 아니라 신용대출, 카드론, 자동차할부금 등 모든 대출의 원금과 이자를 모두 합친 원리금의 연간상환액을 연소득으로 나누어 대출상환능력을 따진다.

예컨대 DSR이 100%에 달한다는 것은 1년 동안에 갚아야 할 부채와 소득이 같다는 뜻이다. 주택담보대출은 금융기관에서 이미 시행되고 있는 총부채상환비율(DTI)과 주택담보인정비율(LTV)을 통해 규제하고 있으므로 신용대출을 관리하겠다는 것이 DSR 시행의 주 목적이다.

2018년 3월 26일부터 시행된 총부채원리금상환비율(DSR)과 임대업이자상환비율(RTI) 등 대출규제제도는 이 분야의 여신억제정책에 유효하게 작용될 것이다. 앞으로는 DSR이 100%를 초과하면 은행에서 분기별로 모니터링을 실시하여 규제에 나서게 된다.

이보다 앞서 2006년은 온 나라가 부동산 파동으로 얼룩진 한 해였다. 2005년 8.31대책 이후 다소 안정세를 보이던 주택가격이 2006년에 들어 급등세로 전환되었고, 이 해 3/4분기 말 전국 아파트 가격의 전년 말 대비 상승률은 11.4%로 1990년 이후 세 번째로 높은 상승률을 기록했으며 특히 버블세븐지역[41] 아파트는 27.1%의 높은 상승률을 나타냈다.

2006년도 시중은행의 여신의사결정구조에 따르면 은행은 우선 BIS(국제결제은행)의 Basel위원회의 신용리스크관리원칙(가이드라인)을 지켜야 했다.[42] 즉, 대출취급은행은 적절한 신용위험환경의 설정, 건전한 신용공여절차에 의한 영업, 적정한 신용공여의 관리·측정·모니터링 과정의 유지, 신용위험(credit default)에 대한 적정통제 등의 제시조건을 충족하도록 되어 있다.

다시 말해서 은행들은 다음과 같은 과제와 도전에 직면해 있었다. 첫째 은행간 대출경쟁관계의 심화, 둘째 영업구조 및 자본구조의 복잡화로 여신리스크의 확대, 셋째 회계기술(세법, 다국적기업, 신금융기법)의 발달에 부응하는 영업기법 개발, 넷째 수익성과 리스크간 위험요소의 조화를 필요로 하는 Loan Marketing시대의 도

---

41) 버블세븐지역(bubble seven area)이란 2006년 3월말 기준으로 국내 집값 상승률이 가장 높았던 지역으로 서울 강남구, 송파구, 서초구, 목동, 신도시 분당, 평촌, 경기도 용인시 등 7개 지역을 가리키는 말이다. 이 용어는 청와대에서 동년 5월 15일, 전년 8.31 부동산대책의 후속조치를 발표하는 가운데 처음으로 지칭한 데서 나왔다.
42) 「우리은행」 여신정책팀의 자료를 주로 분석한 것임.

래, 다섯째 다양한 법적규제에 대응하는 프로그램의 강화 등이 그 것이다.

확실히 60년대(산업개발시대)나 90년대 말(IMF관리체제)과는 천양지 차가 있었다. 대출은 더 이상 안전한 수익원이 아니며, BIS자기자본비 율 산정시 위험자산에 포함되기 때문에 권장자기자본표준비율(8%)을 깎아내리는 수치일 뿐이었다. 따라서 건전성 유지를 위해서는 신용위 험 노출에 철저히 대비해야 하는 과제에 직면하고 있었다. 2018년 현 재 상황도 예외는 아니다.

그래서 은행들은 주택담보대출을 해줄 때 채무자의 총부채상환비 율(DTI)을 따지게 되고, LTV비율(Loan to Value; 융자비율)을 내세우기 도 하고 지금처럼 DSR을 도입하기도 하는 것이다. 이와 같이 은행의 여신심사제도는 과거의 관행적 업무처리방식이 이제 새로운 체제로 변화와 진화를 거듭하고 있다.

시장경제사회와 진화현상

시장경제사회의 플러스섬 시스템

지금까지 화폐와 금융 분야에서 급속하게 진행된 경제의 진화를 고 찰했다. 이제 글로벌화 된 개방경제사회에서 경제진화의 의미를 간략하게 살펴볼 차례이다.

경제학에 있어서 자본주의 시장경제사회의 장점을 강조하려면 그 것의 플러스섬(plus-sum)적인 특성을 증명해야 하며, 반대로 그 결점을 지적하려면 그것이 구조적으로 제로섬(zero-sum), 혹은 마이너스섬(minus-sum)적인 귀결을 제시해야 한다.

그러나 결국 우리의 경제사회가 플러스섬으로 되느냐 아니냐 하는 것은 조건 나름인 것이다. 조건에 따라서는 동일한 사회구조라도 플러스나 마이너스로 전환 가능하다. 예를 들면 남미나 동아시아의 일부에서 볼 수 있는 대토지소유제도는 경제발전에 장애물일 뿐이다. 그러나 영국이나 프랑스에서는 근세의 대토지제도가 자본의 사회적 축적을 촉진시킨 결과, 18~19세기의 산업혁명으로 이들 국가를 이끌어 갔다.

여기서는 시장경제사회를 플러스섬 시스템으로 하는 조건, 그리고 경제를 발전시키고 있는 조건들을 지식의 관점에서 고찰해 보고자 한다. 시장경제가 어느 정도 문제를 내포하고 있기는 하지만, 현 시점에서 시장의 역할을 부정하고 우리의 행복을 얻거나 바랄 수 없다. 우리가 풀어야 하는 것은 그 경제활동이 문제를 일으키지 않도록 하는 조건을 찾는 일이다.

오늘날 시장경제사회에 내재되어 있는 몇 가지 문제점을 찾아 이를 조명해 보고 그 진화의 방향을 모색해 보고자 한다.

플러스섬의 여부는 사후 역사의 판단에 따라 귀결된다

인간은 사회적 동물이다. 혼자서는 살 수 없고 항상 자신의 존재를 다른 사람에게 인지 받고 싶어 하는 강한 욕구를 가지고 있다. 더구나 글로벌시대에 접어든 현재에 있어서는 더욱 그렇다.

여기서 다른 사람이란 반드시 자기 주변에 있는 구체적인 사람들의 예를 가리키는 것은 아니다. 자기가 속해 있는 집단, 사회, 국가에 의해서 인지 받기를 원하는 경우도 있을 것이고, 더 나아가서는 경우에 따라 시대를 뛰어 넘어 다른 시대의 사람들에게 받는 인지까지도 포함해서 일컫는 말일 수도 있다. 이처럼 인지욕구는 시공(時空)을 초월해서 이루어질 수 있는 것이다.

이러한 일은 여러 가지 형태로 일어나고 있다. 어떤 때는 난국(難局)을 극복하는 일로, 어느 때는 국민을 선각심(先覺心)을 가지고 훌륭한 방향으로 이끌어 간 일로, 또 어떤 때는 위대한 발견이나 발명으로 그 사회 또는 다른 사람들로부터 존재를 인지 받게 되고 또 존경을 한 몸에 받는다. 그런가 하면 다른 나라를 정복하거나 노예를 복종시키는 것 등이 명성을 얻는 최선의 방법이었던 시대도 있었다.

이 같은 대부분의 경우는 시대의 변화와 함께 서서히 도태되어 갔지만, 이들 인지방법 가운데 예를 들면, 위대한 발견이나 발명, 또는 난국극복과 같은 것들은 지금도 계속 전해 내려오고 있다.

이와 같이 지금도 그 당시의 가치관이 변하지 않고 있는 이유는 그것들이 살아남게 된 인지방법이 플러스섬(plus-sum)적인 성격을 가지고 있었기 때문이다. 살인이나 약탈은 제로섬 게임(zero-sum game)이며, 거기에는 언제나 얻는 자와 잃은 자의 대립이 있기 마련이다.

이에 대해서 과학적 발견이나 난국의 극복과 해결은 적어도 우리에게 심리적으로 기쁨을 주고 새 희망을 제공하며 생활을 안정시킨다. 또 동시에 근심과 고통을 제거시켜 준다. 다시 말해서 사람들을 행복하게 만든다.

이 사회에서 경제적인 성공이 명예라고 여기게 되는 것도 그것이 플러섬적인 성질을 갖는 것으로 생각되기 때문이다. 그러나 핵무기의 위협처럼 과학적 발명의 성과가 반드시 플러스섬적인 결과를 가져오지 못하는 경우가 있는 것처럼, 시장에 있어서 경제활동도 관계되는 모든 사람에게 이익과 편익을 가져다준다고는 할 수 없다.

극단적인 독점이나 과점, 또는 가혹한 착취행위는 그것의 수혜집단과 피해집단 간의 대결로 만들어지기 때문에 이 경제사회의 룰에 문제를 야기시킨다.

미래 가치 선호 속에 현재 신화를 붙잡는 본성

투자론의 기본 공식은 미래가치의 극대화이다. 그런데 이 미래가치는 불확실성의 악몽의 가능성을 한편으로 떨치기 어렵다. 필자가 신입은행원 시절의 일이다. 대학 선배인 모 은행대리가 있었는데, 매일 점심시간이면 본점과 가까운 곳에 위치한 명동증권거래소에 출석하다시피 하면서 증권투자에 열을 올리고 있었다.

그때 "H 대리는 집을 두 채나 샀다"는 소문이 나돌기도 하였다. 그런데 얼마 안 되어 '증권파동'이 일어났고, 그는 하루아침에 전세로 나앉게 된 것이다. 그 때 '증권투자는(그 성패에 대해서) 미래를 알 수 없다'는 교훈을 간접으로 학습할 수 있었다. 물론 지금은 파생상품거래로 미래위험(risk)을 어느 정도 방지(hedge)할 수 있지만, 초창기 증권거래체제 하에서는 운명에 맡기는 꼴이 되었던 것이다.

그런데 이웃 나라인 일본에서는 '토지신화'(土地神話)라는 현상이 일어났고 그에 따른 거품경제의 붕괴현상이 이어졌다. 그 줄거리를 요약하면 다음과 같다.

1980년대 후반 일본은 6대도시 평균지가가 3배 이상 상승한 부동산 버블을 경험하게 된다.[43] 당시 버블현상에는 현재 한국처럼 저금리, 풍부한 시중유동성, 은행들의 부동산대출 확대, 그 위에 불패의 토지신화 사상('땅값은 결코 떨어지지 않는다')이 근본 요인으로 작용하였다.

토지버블 형성의 주체는 기업이었으며, 이들 기업은 빌딩을 앞 다투어 구입했고 더 나아가서는 사원기숙사, 사택, 휴양소, 영빈관 같은

---

43) 6대 도시는 도쿄, 요코하마, 나고야, 교토, 오사카, 고베를 말한다. 이들 6대 도시의 지가지수가 정점을 기록했던 1990년 9월 주택지는 231.5, 공업지는 206.2로, 10년 전인 1980년대 초반에 비해 3배 이상의 가격상승을 보였다. 그러나 2003년 3월 이들 가격지수는 1984년 수준으로 하락하였다(자료; KIEP, 일본의 자산버블 경험과 한국에 대한 시사점, 2003. 12. 24., p. 24).

비영업용 부동산까지 무한대로 구입 확장해 나갔다. 그들은 이를 담보로 은행으로부터 융자를 받아 다시 유동성을 확충하는 방식이었다.

그러나 1990년 3월을 기점으로 드디어 금융당국은 이 같은 부동산 담보대출에 대한 총량규제를 도입, 일본중앙은행의 통화증가율 억제, 공정할인율(금리)의 단계적 인상(6%선까지) 등의 실시로 토지신화에 대한 일반의 기대심리는 허물어지기 시작했다.

문제는 일반 상업은행 및 대출은행의 대출금 회수였다. 금융기관이 보유하고 있는 막대한 부동산담보대출채권의 부실화는 은행을 동반 부실화로 이끌어 갔다. 소규모 금융기관들이 잇따라 파산하고, 결국 기업과 금융기관이 동시에 부실화되는 '복합불황' 의 국면으로 빠지게 된 것이다. 일본경제는 이후 적절한 위기구제방안을 마련치 못한 가운데 불황에서 헤어나지 못하면서 토지신화와 거품경제는 무너졌고, 20여년이라는 장기불황('잃어버린 20년' ; lost decade)을 맞게 된다.

지금 한국의 부동산 동향을 볼 때, 어쩌면 일본의 토지신화와 비슷하게 움직이고 있어 한국에 대한 '반면교사' (反面敎師)처럼 보일지도 모른다. 1980년대 후반의 일본 부동산 버블은 '6대도시 평균지가가 3배 이상 상승한 부동산 버블' 을 말하는 데, 지금 우리의 경우는 '2006년 아파트 값 상승률 최고 7대 지역(버블세븐지역)' 을 가리키는 것인 만큼 상황이 비슷하다.

일본의 당시 버블현상에는 현재 우리처럼 저금리, 풍부한 시중유동성, 은행들의 부동산대출 확대 등이 작용했던 점에서도 유사성이 있다. 그 뿐만 아니라 부동산대책과 후속조치 시행에서도 유사한 점이 있는 것 같다. 이는 조세정책, 금융정책 및 금리정책 등 여러 가지 부문에서 그렇다.

다만 주체와 대상이 다를 뿐이다. 일본은 토지와 빌딩에 대해 기업이 주동이 되어 버블이 이루어졌으나 한국은 아파트를 대상으로 개인 가계가 관련돼 있다는 데 차이가 있다.

과연 일본은 한국의 반면교사인가? 그렇다면 언제까지 이 상태가 지속되는 것일까? 진화의 길을 걸을 것인가, 아니면 퇴화의 길을 걸을 것인가는 두고 볼 일이다.

그 밖의 토지신화 신봉자들

토지신화는 '미래가치형성을 위해 위험스럽지만 설마 하는 마음으로 현실의 토지신화를 맹신하려는 심리행태' 라고 풀이할 수 있다. 이 점은 은행 여신심사 담당자에게도 똑 같은 루틴이 적용됐다.

즉, 일본의 경우 은행대출시 부동산만 담보제공을 받으면 융자심사는 일상적인 루틴에 따라서 관행적으로 처리하는 융자심사시스템이 가동되고 있었던 것이다. 이와 같은 이유에서 일본의 은행 도산이 양산되고 금융시스템은 비틀거리게 된 것이다.

그런데 토지신화의 꿈은 비록 일본경제에서만 있었던 사건은 아니다. 일본이 기간이 길었을 뿐이다. 1990년대 후반 동아시아를 휩쓸었던 금융위기도 따지고 보면 부동산 거품과 상당부분 관련이 있다. 1997년 8월에 불어 닥친 태국의 금융위기 원인은 자본 및 금융개방으로 급작스럽게 유입된 막대한 외화가 생산부문에 활용되지 못하고 부동산투자 등 비생산부문에 전용된 데 기인한다.

또 그해 10월에 발생한 인도네시아의 금융위기 역시 자본시장의 조기개방과 부동산부문에 대한 여신확대에 따른 경기침체 및 은행부실이 원인이 되었다. 그 뿐만이 아니다. 눈을 북유럽으로 돌려 보자.

1987년 9월 노르웨이의 금융위기, 1991년 3월 스웨덴의 금융위기, 연이어 같은 해 3월 핀란드의 금융위기 등 스칸디나비아 반도국가들 모두가 부동산버블과 관련이 있고 여기에 안일하게 대출을 실시한 은행의 부실채권 급증에 원인이 있었다. 이 때 북유럽 은행들의 총 부실채권액 가운데 부동산관련 부실채권 비중은 스웨덴이 80%, 핀란드가 34%나 됐는데 이는 그 당시 부동산거품붕괴가 얼마나 심대한 영향을 주었는지 알 수 있게 한다.[44]

---

44) 북유럽 금융위기의 원인과 처방에 대해서는 졸저 「한국경제와 금융개혁」(이요섭, 연암사, 2004)의 금융위기의 국제사례 부분분석을 참조 바람.

제 6 장

진화경제학에서
행복경제학으로

행복의 정의와 그 본질

행복의 본질, 그리고 행복경제학

행복이란 무엇인가? 행복과 돈, 효용극대화, 만족… 등은 어떤 상관관계를 가지는 것일까? 그리고 그 행복은 인류가 산술적으로 계산할 수 있는가?

행복에 관한 논의는 비단 사회학, 윤리학, 심리학 또는 철학에서만 다루어지는 전유물이 아니다. 요즈음 추세는 경제학, 경영학 분야에서도 관심을 가지는 분야이며 영역과 분야를 가리지 않고 논의되는 주제어가 바로 행복학, 또는 행복경제학이다.

행복에 관한 논의는 이미 오래전부터 많은 학자들에 의해서 다루어지고 있다. 따라서 그 학문적 흐름은 여러 시대를 거치면서 깊이 있게 변천·진화되어 오고 있다. 특히 최근 들어 미국과 유럽에서 새로운 통계적 접근방식에 의한 논문발표가 잇따르고 있어 바야흐로 21세기 초부터 행복경제학의 시대가 다가오는 것이 아닌가 하는 생각이 들기도 한다.

행복(happiness)이란 인간이 살아가는 과정에서 발생하는 여러 가지 욕구가 충족 또는 충만 되어 있는 상태, 혹은 그러한 상태에서 느끼는 만족감을 말한다. 그러나 행복의 내용에 관해서는 동서양이 서로 가치관을 달리하고 있다.

고대 그리스에서는 감성적 욕구만족을 행복으로 보았으며 이를 쾌락주의자로 불렀다. 이에 대해 동양에서는 일찍부터 정신적 안정을 우선시하는 금욕주의적 행복관을 가지고 있었다. 이른바 무(無)의 경지에 도달하는 것을 행복의 극치로 여겼다.

BC 3세기 스토아학파는 윤리학적 중요성을 강조하면서, 이성의 지시에 따라 자신을 다스리며 극기금욕적인 생활을 하는 것을 행복의 본질이라고 보았다. 이 당시 일반적인 행복관은 이들에 의하면 인격적 완성에 의한 정신적 행복을 상위개념의 행복으로 여겼고, 감성적 쾌락주의 행복관을 낮은 차원의 행복으로 보고 이를 배격했다.

현재 행복의 사전(辭典)적 의미는 "복된 운수. 생활에서 충분한 만족과 기쁨을 느껴 흐뭇해하는 상태"라고 되어 있다. 영어로는 'happiness'이며, 행운(good luck)과 동의어이다. 어간인 'happy'

는 행복스러운, 즐거운, 유쾌한, 기쁜, 행운의… 등 여러 의미의 형용사이다. 여기서 알 수 있는 바와 같이 '행운' 이라는 뜻이 큰 무게를 차지한다.

그런데 이 행운이란 어휘는 한 곳에 머물지 않고 움직일 수 있다는 의미도 가지고 있다. 한편 불어로는 봉외르(bonheur)로 '좋은' 이란 뜻 봉(bon)과 시간이란 뜻의 외르(heur)의 합성어로 그 뿌리로 보면 '행복' 이라는 것은 '좋은 시간' 이라는 의미를 가지고 있음을 알 수 있다.

행복경제학(economics of happiness)은 이와 같은 행복의 경제학적 고찰을 연구의 대상으로 하되, 진화론적 접근방법을 통해 형성하려는 학문적 체계이다. 따라서 행복의 본질에 대한 규명이 먼저 이루어진 다음에 여러 가지 행복경제적 현상을 고찰하고자 한다.

근대적 행복론의 진화

한편 근대적 의미의 행복관은 19세기 영국에서 비롯된 공리주의 사상에서 찾을 수 있다. 이들은 인류 전체의 행복 촉진을 중시하는 윤리설을 기초로 하며, 모든 행위의 기준을 '최대다수의 최대행복' 에 두었다.

공리주의는 공중적 쾌락주의라고 할 수 있으며, 그 원칙은 쾌(快)의 증대보다 불쾌(不快)의 감소에 있다. 따라서 지상에서 인류의 불행을 가능한 한 제거하는 것이 행복증대로 이어진다는 견해이다. 공리주의 사상은 17~18세기의 고전경험론(古典經驗論)과 신학자, 고전경제학자, 19세기의 급진주의자로 이어졌으며, 이를 벤담(Jeremy Bentham, 1748~1832)에 이르러 논리를 정식 이론화했고, J. S. 밀(John Stuart Mill, 1806~1873)에 의해서 계승되었다. 이 후에도 진화론적 윤리학[45] 계보인 스펜서(Herbert Spencer, 1820~1903), 홀트(Edwin Holt), 헉슬리 (Jullian Huxley) 및 샤르뎅(Teilhard de Chardin) 등을 거치면서 현대 행복경제학으로 자리를 잡아가고 있다.

영국 철학자이며 법학자인 벤담은 변호사를 하다가 나중에 민간연구가가 되었다. 그는 「도덕 및 입법의 제원리」(1789)에서 인생과 사회의 목적은 '최대다수의 최대행복'의 실현에 있으며, 그 주된 내용은 "한 사회의 주요제도가 그것에 속하는 모든 개인을 최대로 만족시킬 수 있게 편성될 경우, 그 사회는 정당한 질서를 갖추게 되며 정의롭게 된다"고 주장했다.

따라서 공리주의에서는 어떤 일의 옳고 그름이 사람들이 받은 영향의 좋고 나쁨에 의해서 판가름 나게 된다. 그러므로 공리주의자들에게는 사회적 후생이 극대화 되도록 하는 최선의 '공리의 원칙' (principles of utility)이 유일한 도덕적 기준이 된다.

한편 영국의 경제학자이며 철학자이고, 사회과학자이며 사상가인

---

45) 진화론적 윤리학(evolutionary ethics)이란 윤리(학)의 기원 및 본성과 목적을 생물학적 진화론의 관점에서 해석하는 도덕철학의 한 학문 경향이다. 도덕을 진화과정상의 한 형태로 간주한 스펜서는 이들 진화론적 윤리학의 기초학자이다.

J. S. 밀은 역시 경제학자인 아버지의 영향을 일찍부터 받았으며, 조숙하게 학문과 지식인의 길을 걸었다. 1823년에 동인도회사에 근무하면서 문필생활을 시작했고, 벤담의 영향을 크게 받아서 공리주의에 공명하였다. 1865에는 하원의원이 되어 사회개혁운동에도 참가했다. 「경제학시론집(시론집)」(1830), 「경제학원리」(Principles of Political Economy, 1848), 「논리학체계」(A System of Logic, 1843), 「자유론」(On Liberty, 1859), 「공리주의」(Utilitarianism. 1863), 「사회주의론」(Socialism, 1879) 등 수많은 저서를 저술했으며 고전학파경제학 이론을 계승했다.

현대의 행복경제학

막스 셸러의 행복경제학

독일의 사회철학자, 윤리학자, 현상학자인 막스 셸러(Max Scheler, 1874~1928)는 독일 뮌헨에서 루터계 아버지와 정통유대교 어머니 사이에서 태어났다. 1895년 베를린에서 의학, 철학, 사회학을 공부했고, 1897년에 박사학위를 받았다. 1899년에 제나(Jena) 대학 부교수에 역임됐고, 1919년에는 쾰른 대학 철학 및 사회학 교수를 맡았다.

이 보다 앞서 그는 1910~1917년 사이에 중요한 저작활동을 했다.

1917년에 독일정부의 외무부에 들어가 제네바 및 헤이그에서 외교관 생활을 했으며, 1928년 프랑크푸르트 대학 교수가 되었다.

그는 칸트의 형식주의 윤리학을 신랄하게 비판하고 인간의 목적과 의도에 바탕을 둔 윤리학을 옹호하였다. 또 현상학자로서 심적 태도의 본질과 심적 태도 자체가 대상과 맺은 관계의 본질을 발견하고자 했다. 그는 인간의 감정을 통해 선천적으로 주어진 위계질서 속에서 모든 가치를 배열하면서 파스칼의 '심정의 논리' 또는 '질서'에 크게 의존하였다.

순수한 사유와 대비되는 '감성'은 그의 가장 중요한 심리적 대작인 「공감의 본질과 형식」(Wesen und Formen der Symphathie, 1923)에서 중심 역할을 하였다. 그의 저서로는 이 밖에 「우주에서 인간의 위치」 (Die Stellung des Menschen im Kosmos, 1928), 「지식형성과 사회」 (Wissensformen und die Gesellschaft, 1926) 등이 있다.

셸러는 행복이란 단숨에 성취될 수 있는 것이 아니라 부수적인 활동을 통해서 가능하다고 주장함으로써 쾌락주의를 비판했다. 예를 들어 사람들은 행복을 누리려고 피아노를 연주하지는 않는다. 그러나 피아노를 연주할 수 있게 되면 행복감을 느낀다.

금융투자자가 아무리 투자에 관심이 있더라도 그것을 즐기지 않는다면 행복할 수 없을 것이다. 즉, 그 자체로서 즐길 수 있는 목표가 있어야만 행복을 추구할 수 있다. 우리는 단숨에 행복을 차지할 수는 없으며 다른 특별한 활동을 추구할 경우에만 비로소 행복에 도달할 수 있다.

이를 경제학에 적용하면 '소비자에게 유용한 가치를 주어야만 이익을 창출할 수 있다'로 요약할 수 있다. 잠재적 피고용자에게 고용기회를 제공하거나 잠재고객에게 상품을 판매하면서 서로의 이익과 효용을 극대화하려는 의도를 밝힌다고 해도 회사의 목표는 달성할 수 없을 것이다.

셀러에 의하면 비형식적 가치윤리(non-formal ethics of values)는 비형식적 가치 안에서 추구되는 대상을 규명하려는 것이며, 도덕률(maxim)의 보편성이나 효용의 형식적 관념(formal abstraction)으로서 이루어지는 것이 아니다. 셀러는 가치의 질은 유쾌하고 유용하며, 고상하고 신성한 대상의 근본적인 가치양상(fundamental value modalities)에 따라 구별될 수 있다고 한다.

이러한 연속적 경로는 쾌락의 최하위가치로부터 신성의 최고 가치까지를 등급화하고 있다. 그는 더 나아가 이러한 비형식적 가치의 질을 등급화 하는 데 있어서 고차원적인 가치는 쾌락의 가치처럼 모두 소진되지 않고, 지각적 가치처럼 줄어들지 않으며, 유용성의 가치처럼 셈을 따져보지 않고서도 고도의 가치를 들어낸다고 했다.

셀러가 주장한 가치등급질서화는 윤리적 이론임을 보여준다. 이는 가치의 질을 비롯하여 가치의 우위질서론을 이해하게 한다. 이 같은 그의 소신은 가치등급질서화가 윤리학, 미학, 철학 등의 영역과도 밀접한 상관관계를 가지고 있다는 것을 보여준다.

예컨대 재화의 경제적 가치는 미(美), 윤리, 문화적 가치 등을 떠나서 존재하는 것이 아니다. 경제적 가치를 이해하고 이를 효율적으로 이용하기 위해서는 고도의 비형식적 가치의 질을 이해하고 윤리, 미학, 경제적으로 활용하면서 항상 경험능력과 판단력을 갖추어야 할 것이다.

행복경제학에서 제기되는 행복주의의 본질은 전통적 윤리학의 주제이기도 하며, 그 기준과 목적은 바로 행복과 복리이다. 행복을 결정하는 '복리'는 인생의 종착역이자 인간존재의 궁극적 목적지이다. 그리고 경제와 행복주의적 윤리는 모두 극대화 원칙을 따르며 이 극대화 원칙이란 경제학에서 볼 때 효용과 이익의 극대화를 지칭한다. 이 원칙에 따르면 소비자는 효용을 극대화할 것이고 생산자는 이익을 극대화할 것이다.

따라서 행복주의적 윤리학의 극대화원칙이란 '인간을 행복의 절정인 복리적 행복에까지 끌어 올려야 한다'는 것이다.

최근의 행복경제학 연구 추세

블랜치플라워 등의 '행복경제학'

최근 '행복경제학'(happiness economics) 분야에서 돈과 행복의 상관관계에 대한 논문들이 자주 발표돼 높은 관심을 끌고 있다고 2004년 7월 11일 뉴욕타임스가 보도하였다.

이에 따르면 미국 다트머스 대학의 데이비드 블랜치플라워 교수와 영국 워윅 대학의 앤드류 오스왈드 교수가 1990년대 초반부터 10년 동안 미국인 1만6000여명의 라이프스타일을 조사해 분석한 결과, 독신자가 교육수준과 직장 내 지위에서 기혼자와 동일하다면 기혼자에 비해 매년 10만 달러를 적게 버는 것으로 나타났다.

이는 바꾸어 말하면, 원만한 결혼생활 1년의 금전적 가치가 10만 달러어치가 된다는 것이다. 한편 기혼자가 이혼했을 경우는 이혼 직후 잠시 동안은 심리적 안정을 맛볼 수 있을지 모르지만 매년 6만6천 달러의 손해를 보는 것으로 나타났다.

행복경제학은 근래에 이르러 연구가 활발해지고 있는 학문분야로서, 경제학적인 분석기법을 활용해 각종 사회현상이 현대인의 행복에 미치는 영향을 분석하는 분야로 떠오르고 있다.

한편 파이낸셜타임스 보도(2004. 7. 10, Financial Times, London)에 의하면 프린스턴 대학 심리학과 다니엘 카네먼 교수(2002년도 노벨 경제학상 수상)와 동 대학 경제학과 앨런 크루거 교수가 국내총생산(GDP)과 인간의 행복간의 상관관계를 측정, 보다 정밀한 '국가별 웰빙지수'를 도출할 계획이라고 한다.

경제학의 웰빙 문제에 대한 집착은 GDP의 급격한 성장이 삶의 만족도 증진과 직접적으로 연관되지 않는다는 수많은 통계를 통해서 비롯되고 있다. 잘 산다고 반드시 행복하다고는 할 수 없다는 '인생의 역설' 이 학자들의 호기심을 자극한 것이라고 파이낸셜타임스는 결론을 내리고 있다.

실제 2002년 영국 내각부 조사에 의하면 부국들의 행복도가 전반적으로 높은 것으로 나타났지만, 가나 등 최빈국 국민의 삶의 만족도도 최상급으로 나타났다. GDP와 국민행복이 그다지 상관관계가 없다면 경제성장에만 주력하는 현대 국가들의 정책목표에도 근본적인 수정이 검토돼야 하는 게 아닌가라고 지적한다.

오스왈드 교수와 그의 행복구매론 논쟁

영국 워윅 대학 경제학과 앤드류 오스왈드 교수의 '복권당첨자들의 행복지수 조사' (「돈으로 행복을 살 수 있나?」)의 결과가 세상에 알려져 (2006년 11월 26일 AP통신) 글로벌사회에 큰 파장을 불러 일으켰다.

오스왈드 교수는 최근 복권에 당첨돼 2천~25만 달러를 횡재한 영국인들을 대상으로 당첨 2년 전과 후의 행복도를 조사하였다. 그는 다양한 금액 당첨자들의 당첨 2년 뒤 행복체감도가 당첨 전과 어떻게 달라졌는지 면접조사 등을 통해 파악했다.

행복체감도를 1점부터 36점까지 수치화한 결과, 당첨자 전원이 2년 전보다 평균 1점 이상 상승된 행복감을 느끼고 있었다. 이것은 바꾸어 분석하면 횡재한 집단의 행복지수가 그렇지 못한 집단에 비해 1점 이상 상승했다는 말과 같다. 그러나 25만 달러 복권당첨자들이 2천 달러 복권당첨자들보다 더 행복하다고 느끼고 있음도 함께 알게 되었다고 말했다.

오스왈드 교수는 조사결과를 발표하면서 "돈으로 행복을 살 수 있는 증거는 얼마든지 있다"면서 논점은 "행복을 돈으로 살 수 있나 없나"의 문제가 아니라 "얼마나 더 많이 살 수 있느냐?"라고 말한다. 다시 말해서 돈의 크기가 행복의 크기와 정비례하지 않는다는 사실이다. 즉, 한계효용체감의 법칙이 여기에도 적용된다는 것이다.

그는 "부자 국가에서 조차 가난한 사람들보다 부자들이 자신들의 삶에 대해 만족도가 높은 것으로 나타났다"면서 "돈과 행복의 '상관관계'에 대한 논쟁은 돈 효과의 강도일 뿐"이라고 말했다. 이 점에서 오스왈드는 분명히 '행복구매론자'임에 틀림없다.

행복구매론을 주장하는 또 다른 학자로는 미국 일리노이 대학 심리학과 에드 디에너 교수가 있다. 그도 역시 "과학자들이 돈과 행복 사이의 '상관관계'를 규명하는 데 실패했다는 주장이 있지만, 이는 사실과 다르다"고 주장하면서 행복구매론의 대열에 합류했다.

그는 "매우 부유한 사람들이 삶에 대해 느끼는 만족도는 매우 가난한 사람보다 월등히 높다"며 "풍요한 국가 내에서도 계층 사이에 이런 차이가 발생한다"고 주장했다.

이에 대해서 행복구매론을 반대하는 반대론자 내지 회의론자도 존재한다. 노벨상 수상자인 미국 프린스턴 대학의 다니엘 카네먼 교수는 최근 "금전적 수입이 많아지면 개인의 전반적인 만족도도 향상된다는 주장은 착각"이라며 자신의 연구 결과를 발표했다.

카네먼 연구팀은 연봉 9만 달러 이상인 사람 중 "행복하다"고 생각하는 비율과 연봉 5만~8만 달러 미만의 중산층 소득자 중 "행복하다"

고 생각하는 비율을 비교해 본 결과, 각각 43%와 42%로 미세한 차이밖에 없었다고 밝혔다.[46]

카네먼 연구팀은 또 전반적인 행복감 대신 조사대상자의 하루 생활을 동행하며 순간순간 그들이 느끼는 감정을 기록한 결과, 돈과 행복의 상관관계는 거의 발견되지 않았다고 주장했다. 즉, 일정 소득을 넘어서 생활하는 계층은 소득의 크기 때문에 행복도에 그다지 차이를 느끼는 일은 발견되지 않은 것이다.

돈이 사람을 행복하게 하는 것일까? 아니면 행복한 사람이 넘치는 활력으로 돈을 더 많이 버는 것일까? 그것도 아니면 무엇인가? 제3의 요인이 돈과 행복을 가져다주는 것일까?

AP통신은 학자마다 결론은 다르지만 한결같이 "일확천금을 꿈꾸는 사람이 상상하는 것보다 돈이 가져다줄 수 있는 행복은 그다지 크지 않다"고 보도하고 있다.

우리나라에서도 흔히 말하기를 '돈이란 일정 한도만큼만 있으면 되고, 그 이상은 의미가 없다. 다만 너무 없으면 불편할 따름이다' 고 말하는 경우가 허다하다. 이점에서 돈과 행복의 상관관계 인식은 동서를 막론하고 비슷하다고 말할 수 있는 것이 아닌가 싶다.

---

46) 그러나 카네먼의 조사에서 고소득자들이 2만 달러 이하의 저소득자들에 비해서는 "행복하다" 고 말하는 비율이 거의 2배인 것으로 밝혀졌다.

행복은 수치로 계산할 수 있는가?

공리주의자들의 행복계산법

처음으로 행복을 수치로 계산하려고 시도한 사람은 18세기 후반 공리주의자들이다. 벤담은 '최대다수의 최대행복'을 주장하면서 행복(엄밀히 말해서 쾌락)의 계산법을 안출하였다. 이 행복계산법은 쾌락(행복)과 고통(불행)의 양을 수치화한 것이다.

평가기준을;
> ① 쾌락(+)과 고통(−)의 강도
> ② 계속성
> ③ 확실성
> ④ 원근성(遠近性)
> ⑤ 생산성
> ⑥ 순수성
> ⑦ 연장성(延長性)

등 7가지 척도(기준)를 정하여 행복도(쾌락)를 수량적으로 산출하려고 하였다. 어떤 사람의 행동이 발생시키는 행복(쾌락)의 총합이 불행(불쾌)의 총합보다 크면 그의 행동은 긍정적인 행복으로 받아들여진다는 것이다.

결과적으로 벤담은 행복(쾌락)과 부(富)는 양(量)에 비례하지 않으며, 부에 의해서 만들어지는 행복은 부의 양이 증가할수록 감소된다고 보고 한계효용체감설을 주장했다. 행복을 증가시키기 위해서는 경제적으로 자유방임(自由放任)해야 하고 한계효용이 체감하는 이상, 부가 다른 조건상 동일하다면, 보다 평등하게 그 부를 분배하는 편이 총효용을 증가시킨다는 '분배평등론'을 중시했다.

공리주의는 그 당시 사람들에게 많은 영향을 주었다. 이에 대해서 J. S. 밀은 벤담의 양적공리주의를 비판하고 질적공리주의를 주장하였다. 행복에는 질적 차이가 있으며, 이기적, 감각적 욕망뿐만 아니라 고상한 욕망도 존재한다는 것이다. 이것이 인간개성의 발전이다. 즉, 자아실현과 관련된 것으로 인간에게는 후자, 즉 고상한 욕망이 더 중요한 것이다.

행복방정식

20세기 초반에 들어 와서 경제학의 대가인 폴 사무엘슨(Paul A. Samuelson)은 행복함수(일명 행복방정식)를 내놓았는데 이는 다음과 같이 표시한다.

$$행복(H) = \frac{소유(P)\ 또는\ 소비(C)}{욕망(D)} \times 100$$

H : 행복지수(Happiness)　　P : 소유(Possession)
C : 소비(Consumption)　　　D : 욕망(Desire)

위 함수식에서 분자인 소유(P) 또는 소비(C)를 커지게 할수록 행복 (H)의 값은 커진다. 그러나 반대로 분모(D)를 줄여도 행복(H)은 커질 것 이다. 여기서 끝없는 인간의 욕망을 전제로 행복도를 높이려면 소비 (또는 소유)를 한없이 늘려야 한다. 이 때문에 사무엘슨은 천박한 자본 주의적 가치관을 드러냈다는 비판을 받기도 했다.

그러나 이 방정식은 생각보다 심오한 행복관을 담고 있다. 왜냐하 면 분자인 소비(또는 소유)를 늘릴 것이 아니라 반대로 분모인 욕망을 줄일 수만 있다면 한정된 자원으로 얼마든지 행복해질 수 있다는 함의 가 포함돼 있기 때문이다.

욕망의 크기는 무한해서 이를 억제하고 인내하는 고행이 무(無) 의 경지에 이르게 하는 데 이 경지가 바로 행복이라고 주장하는 불 심(佛心) 등 금욕주의 행복관은 행복방정식 풀이의 두 번째 대목을 암시한다.

사무엘슨 이후에도 많은 경제학자들이 행복함수를 들고 나왔지만 대중적 반응은 그다지 크지 않았다.

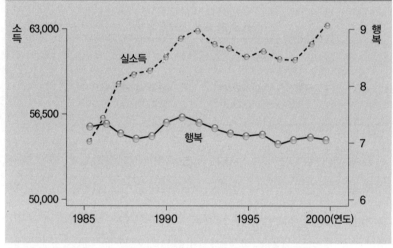

[그림 3] 소득과 행복지수(독일 1985~2000)

※ 자료출처 : "행복경제학", 하랄드 빌렌브록 지음, 배인섭 옮김, 2007, p. 282에서 인용하였음.

물질적 행복과 정신적 행복

세계 여러 나라들의 소득수준을 1인당 GDP를 기준으로 각각 나누어 보면, 룩셈부르크 국민들이 4만2천 달러로 세계에서 가장 높으며, 콩고 민주공화국의 국민들이 120달러에도 미치지 못하여 가장 못사는 나라로 나와 있다.

또한 국제연합(UN)에서 매년 작성해 발표하는 '인간개발지수' (HDI; Human Development Index)는 순수한 경제적 요소뿐만 아니라 유아사망률, 수명, 문맹자 수 등 사회적 판단기준까지도 포함한 지수인데, 여기에 따르면 오늘날 노르웨이가 지구상에서 가장 살기 좋은

국가이고, 반면 니제르 공화국(문맹자 90%, 평균수명 42세)이 가장 살기
어려운 국가이다.

　그런데 최근 알려진 바로는 이 지구상의 135개 국가의 행복도를 조
사한 결과가 너무나 뜻밖이었다. "가장 행복하다"고 생각하는 비율이
가장 높은 나라는 방글라데시이고 그 다음이 아제르바이젠, 나이지리
아 순이며, 선진국 중 독일, 미국 등은 40위권 밖에 있다(한국은 23위).
　이것은 그 나라 국민의 낙천적인 성격 또는 문화적 특성(부정적인 것
을 회피하는)도 작용한 결과라고 본다. 여기서 우리는 '한계효용의 크
기는 반드시 부의 크기와 정비례하지 않는다' 라는 테제에 대해서 다
시 한 번 음미하게 된다.
　이러한 통계분석 결과를 볼 때, 나라가 잘 사는 것과 국민이 느끼는
행복지수 간에는 상관관계가 그다지 없는 별개라는 것이다. 행복은
외부조건 보다는 내적인 심리(마음) 조건에 달려 있다. 소득과 행복지
수 간의 관계를 조사 작성한 독일의 앞의 [그림 3]은 이러한 우리의 연
구 결과에 대한 명쾌한 해답을 시각적으로 보여주고 있다.

맺는말

진화경제학의 뿌리는 라마르크 — 맬서스 — 나윈 — 스펜서에 이르는 진화론적 접근에서 비롯된다. 이러한 흐름 속에서 베블렌은 줄기와 잎을 생성케 해서 오늘날의 진화론적 경제학의 기초를 일구어 놓은 주역이라고 할 수 있다.

이처럼 두 학문분야 간에는 수많은 상호작용과 변이가 있었다. 그뿐만 아니라 최근에 이르러서 경영학, 윤리학, 심리학, 철학 등 수많은 분야의 학문과 복잡한 결합 재생성의 과정을 거치고, 또 변이를 거듭하는 가운데 새로운 모습으로 우리 사회에 출현하게 되었다.

한 가지 예를 들면 지난 1~2년 사이에 크게 급부상한 '행복경제학'은 우리에게 많은 시사를 주고 있다. 어느 한 가지 현상을 놓고 가치론적으로 귀결을 지을 때에 여기에 동원되는 연관 인근 연구분야는 윤리학, 심리학, 경영학, 경제학, 철학 등 헤아릴 수 없이 많은 학문이 상호작용하지 않으면 안 되는 것이다. 이른바 새로운 융합학문영역을 형성하게 되는 것이다.

이러한 추세는 어떤 사물을 한쪽 시각에서만 고찰하는 데서 오는 편견과 험결을 다른 쪽의 분야에서 보완해 주고 새 경지를 재생성해 주는 기능을 함으로써 학문의 벽을 뛰어 넘어 균형 있는 결론에 이르게 하는 역할을 할 수 있는 것이다.

그런데 이와 같은 진화경제학은 그 핵심적 요소가 인간의 지식, 또는 넬슨과 윈터의 루틴(routine)이다. 생물체의 경우 진화의 핵심요소가 획득형질 또는 유전자(DNA)라면 진화경제학에 있어서 지식이나 루틴은 바로 그러한 기능과 역할을 하는 것이다.

가까운 예로는 우리가 일상 이용하는 은행의 업무 가운데 고객에게 자금을 융자해 주는 여신파트의 여신심사기능은 시대의 변천과 더불어 그들이 금융업에서 생존하기 위해서 변이를 거듭하면서, 격세지감(隔世之感)의 제도변화를 거듭하고 있음을 이미 이 책에서 고찰한 바 있다.

경제정책에 있어서도 '정책지식 생태계'의 진화는 그것이 선택이 아니라 필수라고 하는 데 큰 의미를 부여해야 할 것이다. 이 책에서도 고찰한 바와 같이 IMF 금융위기 사례에서 볼 수 있었던 '정책부재' 현상도 근본적으로는 이러한 생태계 조성의 취약성에 있었다는 사실을 상기할 때, 우리는 새로운 시각을 가져야 할 시점에 와 있는 것이다.

이제 진화경제학이 독립적인 학문분야로서 터를 잡고 미래지향적인 방향에서 체계형성과 새 출발을 하게 될 날이 조속히 다가오기를 바라마지 않는다.

□ 인명사전 □

갈레(Johann Gottfried Galle, 1812~1910)

독일 천문학자. 베를린 대학에서 수학, 이학 전공. 1938 토성의 제3고리 발견, 1846 해왕성 발견. 1851년부터 46년간 브레슬라우 천문대 대장을 역임하였다.

갈브레이스(John K. Galbraith, 1908~2006)

미국 경제학자 및 사회개혁가. 캐나다 출생. 버클리 대학에서 수학. 그의 사상은 베블린의 원리에 의해 영향받았다. 그 사상은 대항세력의 개념(기업, 노동조합, 소매체인점)과 사회적 불균형(생산과 소득이 성장하는 사회에 있어서 새로운 소비재는 사회재를 희생하여 공급한다는)의 두 가지로 요약된다. 그는 정통학파경제학자들이 대항세력의 형성과정의 존재를 인식하지 못하였다고 비판했다. 그는 수년간 「포춘」(Fortune)의 발행인이었고, 1960년대 초, 주인도 미국대사를 역임하기도 했다. 주요 저서로는 「가격통제이론」(A Theory of Price Control: 1952), 「미국자본주의」(American Capitalism: 1952), 「불확실성 시대」(The Age of Uncertainty: 1977), 「A Journey of Economic Time」(1994), 「Good Society"(1996) 등 다수가 있다.

고드윈(William Godwin, 1756~1836)

영국 사회철학자, 정치평론가. 영국 잉글랜드 출생. 비국교도로서 무신론자. 영국 낭만주의 문예운동의 개척자. 저서로는 「정치적 정의와 그것이 일반 미덕과 행복에 미치는 영향에 관한 고찰」(An Enquiry Concerning Political Justice, and Its Infuluence on General Virture and Happiness)(1793)이 있다.

고든(Wendell Gordon,1916~1996)

미국 텍사스(오스틴)대학 교수(1940~1984) 역임, 미국 진화론적 경제학회(AFEE)회장 역임, 저서로는, 「국제무역론」(International Trade :1958), 「라틴아메리카 경제론」(Political Economy of Latin America :1965), 「제도학적 관점에서의 경제학」(Economics from an Institutional Viewpoin :1974), 「Institutional

Economics: The Changing System」(1980) 등 다수가 있다. 진화론적 경제학 연구
에 큰 업적을 남겼다.

구르드(Stephen Jay Gould, 1963~2002)

안티오크 대학과 컬럼비아 대학을 나와 박사학위를 받았다. 그 후 하버드 대학에
서 고생물학 및 진화생물학을 연구. 저서로는 「다윈 이후–생물학사상의 현대적 해
석」(1977) 등이 있다.

꽁트(Auguste Comte, 1789~1857)

프랑스 실증주의 철학자. 1827년 4월부터 시작하여 1842년까지 여섯 권으로 출
판된 그의 역작 「실증철학 강의」(Cours de philosophie positive: 1833~1842)를
차례로 출판했는데 이 가운데 제5권(1841)은 사회철학의 역사에 해당하는 부분으로
그는 사회진보를 결정하는 요인인 지식, 물질 및 도덕 중에서 가장 중요한 것을 '지
식' 이라 보았다. 지식의 진보를 3단계로 보고 그 중에서 마지막 세 번째 단계가 실증
과학의 단계라고 규정했다. 꽁트는 또한 이를 보완하기 위해 뒤에 「실증주의정신에
관한 강론」(Discours sur l'ensemble du positivisme, 1848)을 출판했다. 이 밖에도
실증철학에 관한 많은 저서들을 남겼다.

넬슨(Richard Nelson, 1930~)

미국 뉴욕시에서 태어났다. 1952년에 오버린 칼리지를 졸업한 후, 예일 대학에서
박사학위를 취득했다. 랜드연구소(The RAND Corporation)와 카네기연구소의 연
구원, 예일 대학의 교수직을 거쳐서, 1986년부터 컬럼비아 대학에서 근무했다.

다윈(Charles Robert Darwin, 1809~1882)

영국의 생물학자. 의사 로버트 다윈의 아들이며 에라스머스 다윈의 손자로 태어
났다. 1825년에 에딘버러 대학에 입학하여 의학을 전공했으나 중퇴하고 케임브리지
대학으로 전학하여 신학을 공부했다. 어릴 때부터 동식물에 관심이 깊어 동 대학의 식
물학 교수 J. 헨슬로의 영향을 크게 받게 되었다. 그 후 생물진화론의 정립에 독보적
공헌을 하였다. 1831년 해군 측량선 비글호에 박물학자로 승선하여, 남미, 남태평양

의 여러 섬(특히 갈라파고스제도)과 오스트레일리아 등지를 두루 항해, 탐사하고 1836년에 귀국하였다. 1839년에 「비글호 항해기」(Journal of the Voyage of the Beagle), 1859년에 「종(種)의 기원(起源)」(On the Origin of Species by Means of Natural Selection or the Preservation of Favoured Race in the Struggle for Life : 자연 도태(선택)에 의한 종의 기원에 관하여)을 발표하였다.

▌ 뒤르켐(Emile Durkheim, 1857~1917)

프랑스 기능주의론 사회학자, 교육학자. 교육을 기능주의적 입장을 취하면서 사회학적으로 연구한 최초의 학자. 그는 사회행위의 기본요소는 사회적 결합 또는 사회적 연대로서 이 힘으로 인간들은 사회상황에서 서로 협동하는 것이라고 믿었다. 파리 소르본느 대학 사회학 교수를 역임했다.

▌ 라마르크(Jean Baptiste de Lamarck, 1744~1829)

프랑스의 생물학자, 진화론자. 프랑스 북부 피카르디주의 바장탱 귀족가문에서 출생. 소년시절을 신학교에서 보냈고, 후에 의학, 식물학을 공부했다. 1778년에 「프랑스 식물지」를 출판하여 유명해졌다. 프랑스혁명 뒤에는 왕립박물관에서 곤충학교수가 되었고, 무척추동물분야를 연구하여 「무척추동물의 세계」(1801), 「동물철학」(1809) 등을 저작 출판했다. 지질학, 기상학에도 관심을 가져 1799년 「기상학연보」를 창간했다. 그는 진화의 원인을 기관을 사용하거나 사용하지 않는데 달렸다는 "用不用說"과 환경의 영향을 받아 생긴 변이가 유전된다는 "獲得形質遺傳說"을 주장하여 라마르크설이라는 '진화론'을 주장했다. 그 당시 학계의 주류를 현성했던 퀴비에의 '천변지이설'에 의해 그의 학설은 인정받지 못했다.

▌ 라이엘(Charles Lyell, 1797~1875)

영국 지질학자. 지구의 생성 및 발달을 연구하는 지사학의 개척자. 옥스퍼드 대학에서 법률을 공부했고, 뒤에 지질학을 공부하여 지질학의 역사에 크게 공헌하였다. 그는 이탈리아의 해성 제3기층의 화석을 연구하여 멸종된 조개 화석과 지금 살고 있는 것과의 비율에 의해서 제3기층의 시대구분을 정하는 방법을 주장하였다. 그의 저서 「지질학 원리」는 다윈이 쓴 「진화론」의 기초가 되었다. 그는 '현재는 과거의 열쇠

이다' 라는 생각을 발전시켜 오늘날과 같은 "동일과정설"(Uniformitarianism)이라
는 이론을 발견하였다. 그는 지구의 표면은 침식, 퇴적되고 습곡을 통해 새로운 지형
을 이루며, 다시 침식과 퇴적의 과정이 반복, 순환되는 지구를 가정하였다.

▌르베리에(Urbain Jean Joseph Le Verrier, 1811~1877)

프랑스의 천문학자, 파리 에콜 폴리테크니크 천문학 교수. 그는 천왕성의 불규칙
한 궤도 오차를 이용해 해왕성의 크기와 위치를 계산하여 독일 천문학자 갈레에게 탐
색 요청하여 해왕성을 발견하게 됨. 파리대학교 천문학장, 파리 천문대 소장을 역임
하였다.

▌마셜(Alfred Marshall, 1842~1924)

영국 경제학자. 현대경제학의 주류인 케임브리지학파의 창시자. 옥스퍼드와 케
임브리지 대학에서 수학, 물리학, 철학, 윤리학, 경제학 등을 수학하고 졸업 후 독일에
건너가 J. S. 밀의 고전경제학, 마르크스의 사회주의경제학, 꾸르노(A. A. Cournot)
의 수리경제학으로부터 영향을 받아 경제학연구의 방향을 정했다. 1883년 이후 옥스
퍼드 대학과 케임브리지 대학의 교수를 역임했고, 「경제학원리」(Principles of
Economics, 1890)를 출판했다. 이 책에서 그는 경제학을 인간생활상의 일상업무에
있어서 인간의 연구라고 규정하고, 그 개인적 또는 사회적 행위 가운데 복지의 물질적
요소의 획득 및 사용과 밀접히 관련된 것을 연구 검토하는 것으로 정의했다. 그는 이
론 전개에 있어서 인간행위의 만족에 관한 '수요이론', 및 인간행위의 특성에 관한
'공급이론' 을 전개하였고, 이 두 이론을 종합하여 '가치이론' 을 전개했다. 그리고
'분배이론' 은 이 두 이론의 종합부분이라고 할 수 있다. 이어서 그는 국민소득분배,
탄력성, 소비자잉여, 내부·외부경제 등 개념을 정리했다.

▌마이클 카츠(Michael L. Katz, 1957~)

옥스퍼드 대학에서 경제학박사학위를 취득했고, Prinston University 경제학 조
교수, University of California, Berkely의 경제학과 교수이며 산업조직론의 대가이
다. 샤피로와 공저로 「Product Introduction with Network Externalities」, Journal
of Industrial Economics Vol.XL,No.1(March 1992), 「Antitrust in Software

Market」, Boston, Kluwer Academic Pblishers(1999), 「Further Thoughts on Critical Loss」, The Antitrust Source(March 2004) 등 많은 저작물이 출간되어 있다.

▌맬서스(Thomas Robert Malthus, 1766~1834)

영국 고전학파경제학자. 인구통계학자. 1798년에 「인구론」(인구의 원리에 관한 논문; An Essay on the Principle of Population)을 출판하였다. 잉글랜드 루커리에서 출생. 부유한 가정에서 태어나 루소의 「에밀」(Emile)을 읽고 영향을 받았다. 1788년에 케임브리지 대학 졸업. 1797년에 목사가 된 후 나중에 경제학 교수로 활약했다. 그 밖에 그의 주요 저서로는 「Principles of Political Economy Considered with a View to Their Practical Application」(1820) 등 많은 관련 저서들이 있다.

▌멘델(Gregor Johann Mendel, 1822~1884)

오스트리아 식물학자. 농가에서 태어난 멘델은 수도원의 수도사사(사제)가 되었고, 1868년에 수도원장이 되었다(46세). 그는 향학열에 불탔으며, 앞서 1851~53까지 2년간 빈 대학에서 수업을 들었는데 이 때 자연과학의 많은 학과와 수학 등 많은 교수의 강의에 심취했으며, 폭넓은 지식을 얻게 되었다. 멘델은 특히 식물학에 흥미를 가졌는데 1852년에는 저서 「식물계의 역사의 시론」을 출판했다. 또 그는 여러 교수의 강의 가운데 진화론에 관련된 문제들에 큰 관심을 가지게 됐는데, 멘델의 '식물잡종연구'에 동기를 주었던 것으로 추측된다. 그는 1854년부터 완두콩을 재료로 한 유전연구를 통하여 '멘델의 법칙'을 발견하고 그 결과를 「식물잡종에 관한 실험」(1866)으로 발표했는데, 이는 3가지 법칙으로 구성된다. 즉, (1) 우성의 법칙(대립 형질은 1쌍의 대립 유전자에 의해 지배되고 이들 유전자에는 우성과 열성의 관계에 있다), (2) 분리의 법칙(대립 유전자는 배우자가 형성될 때 분리되어 한 쪽만이 하나의 배우자에 포함된다), (3) 독립의 법칙(서로 다른 유전자는 서로 독립적으로 조합하거나 배우자로 분리된다) 등이 그것이다.

▌미첼(Wesley C. Mitchell, 1874~1948)

저명한 미국 제도학파경제학자. 컬럼비아대학 교수 역임. 저서로는 「경기변동」(Business Cycles: 1913), 「경제이론에 있어서 화폐의 역할」(The Role of Money in

Economic Theory: 1916), 「Prices and Reconstruction」(1920), 「The Prospect of Economics」(1924), 「Lecture Notes on Types of Economic Theory」, 2 Volumes(1967) 등이 있다.

밀(John Stuart Mill, 1806~1873)

영국의 철학자, 사회사상가, 경제학자. 어릴 때부터 아버지의 엄격한 천재교육을 받았다. 그리스어, 라틴어 고전을 비롯하여 역사, 수학, 윤리학, 경제학 등을 두루 섭렵했다. 1823년에 동인도회사에 입사하고 공리주의자로서의 이론적 활동을 시작했다. 「논리학체계」(1843), 「경제학원리」(1848) 등을 내놓았다.

베블렌(Thorstein Bunde Veblen, 1857~1929)

미국 제도학파 경제학의 창설자. 시카고 대학 경제학 교수, 미주리 대학 및 스탠포드 대학 교수. 1911~18년까지 「다이알」 지와 인연을 맺었으며 1918년에 뉴욕 사회연구학원 교수를 역임했다. 저서로는 「유한계급론」(The Theory of Leisure Class, 1899), 「기업경영론」(The Theory of Business Enterprise, 1904), 「장인본능」(The Instinct of Workmanship and the Irksomeness of Labor, 1898) 등 다수가 있다.

벤담(Jeremy Bentham, 1748~1832)

영국 최초의 공리주의 체계적 조직자. 런던 출신. 1760년 옥스퍼드 대학 입학, 1766년 석사학위 취득. 변호사 개업. 그러나 그는 법학보다도, 로크(Lock, J.)와 흄(Hume, D.)의 경험철학에 심취해 "최대다수의 최대행복"이라는 주장을 정립했다. 「도덕 및 입법원리의 서론」(1789) 등을 공표했으며 행복(쾌락)의 수치계산법을 안출하였다.

보네(Sharles Bonnet, 1720~1793)

스위스 생물학자, 철학자, 법학자, 1740년에 진딧물의 단성생식을 발견하여 난자설, 전성설을 주장하였다. 1745년에 「Traite d' insectologie」(곤충학의 특성), 1754년에 「Essai de psychologie」(심리학 에세이) 등을 출판하였다.

사무엘슨(Paul Anthony Samuelson, 1915~2009)

미국 경제학자, 케인즈 학파. 인디아나 주 가리(Gary) 출생. 그의 아버지는 약신 유대인 가문이다. 1923년 시카고로 이사한 후 시카고 대학에서 공부했다. 1935년에 시카고 대학 BA, 1936년에 MA, 그리고 1941년에 동 대학에서 박사학위를 취득했다. 2005년 예일 대학에서 명예사회학 박사학위를 획득했다. 1944년 MIT 조교수, 1947년 동 교수 역임. 저서로는 「경제분석의 기초」(Foundations of Economic Analysis,), Harvad Univ. Press(1947), 「선형프로그램과 경제분석」(Linear Programming and Economic Analysis, 1958), Economics: An Introductory Analysis(1948) 등이 있다.

샤피로(Carl Shapiro, 1955~)

MIT에서 경제학박사학위를 취득했고 Prinston 대학에서 강단에 섰으며, University of California, Berkeley의 경제학과 교수가 되었다. 미 법무성 Antitrust 경제부의 차관보 검사를 역임하였다. 저서로는 카츠와 공저로 3가지 저술 외에 수많은 저작이 있다. 산업조직론의 대가이다.

셸러(Max Scheler, 1874~1928)

독일 사회철학자, 윤리학자, 현상학자. 독일 뮌헨 출생. 현상학의 창시자인 에트문트 후설의 철학 방법을 좇아 현상학적 접근방식을 취했다. 1901년에 예나대학의 강사가 되었는데, 이 무렵 이미 후설의 영향을 받고 있었다. 그 뒤 뮌헨에서 교수생활을 하는 동안(1907~1910) 후설의 제자를 여러 명 만났다. 1910년 베를린으로 은퇴해서 1917년까지 중요한 저작들을 썼다. 1917년 독일 외무부에 들어가 제네바와 헤이그에서 외교관 생활을 했고, 1919년 쾰른대학 철학교수가 되었다. 1920년까지는 평화주의자이자 개종한 로마 가톨릭교도였지만, 1924년을 전후하여 인간과 세계에 대해 더욱 범신론적인 견해를 갖게 되었다. 현상학자로서 셸러는 심적 태도의 본질과 심적 태도가 대상과 맺는 관계의 본질을 발견하려 했다. 대상에 독립적인 실재의 지위를 기꺼이 부여했다는 점에서 후설과 차이를 보인다.

슈판(Othmar Spann, 1878~1950)

오스트리아 사회학자, 경제학자, 철학자. 저서로는 「사회철학」(Gesellschaftsphilosophie, Germany, 1932), 「경제이론의 유형」(Types of Economic Theory,

London, 1930), 「자연철학」(Natur philosophie, Germany, 1939) 등 다수가 있다.

슘페터(Joseph Alios Schumpeter, 1883~1950)

케인즈(John Maynard Keynes, 1883~1946)와 함께 20세기 경제학계의 쌍벽을 이루는 두 거장 중 한 사람이다. 그의 저서 「경제발전이론」(1912)은 경제발전이 기업가의 혁신에 의해서 이루어진다는 내용을 담고 있다. 그의 경제이론 성장과정에서는 사상적으로 왈라스와 뵘 바베르크의 영향을 받았다. 그는 빈에서 출생하여 빈 대학에서 수학하면서 한계효용학파의 이론을 습득하였다. 그의 「경제발전이론」은 경제학 이론 전개방법을 사회과학 원리를 응용하여 최상의 이론을 논리적으로 만들고자 했다. 그는 이 저서에서 경제순환론, 기업가의 개념, 생산수단의 신결합과 신용창조, 이윤동태론 등을 피력했으며, 특히 기업가개념에서는 기업가의 혁신적 역할을 강조하였다.

스미스(Adam Smith, 1723~1790)

영국의 위대한 경제학자. 경제학의 원조. 스코틀랜드의 커스칼디에서 출생. 글래스고 대학 및 옥스퍼드 대학에서 수학. 1748~50년 사이에 에딘버러 대학에서 문학, 법학 강의. 1751년 그라스코 대학 논리학 교수, 도덕철학 교수. 1757년에 도덕정조론 출판. 1766년 「국부론」집필 착수, 1776년에 출판. 1778년 에딘버러관세위원. 1787년에 모교의 학장이 됨. 애덤 스미스는 다수의 선행학자들의 사상과 학설을 종합하여 집대성한 공적이 크다.

스펜서(Herbert Spencer, 1820~1903)

영국 사상가이며 철학자, 사회학자. 영국 더비(Derby) 출신. 9남매의 장자로 태어났다. 비국교회계인 감리교(Methodist) 집안에서 태어났다. 아버지는 교사이고 학교 경영에도 관여했는데, 아버지(Georgy)와 숙부 토마스(Thomas)는 스펜서의 개인주의, 반권위주의, 반성직자주의적인 성격형성에 결정적인 영향력을 미쳤으며, 이러한 양상은 빅토리아왕조시대의 중산층에서 흔히 볼 수 있는 전형적인 예라고 할 수 있다. 스펜서는 당초 런던 버밍엄 철도 기사로 일을 시작했는데, 28세 때에 신문기자로 전직하여 「에코노미스트」지의 부편집장으로 일하면서 토머스 칼라일(Thomas Carlyle, 1795~1881; 영국 평론가 겸 역사학자. 스코틀랜드 청교도 출신)이나 토머스 헉슬리

(Thomas Henry Huxley, 1825~1895, 영국 생물학자) 등과 교분을 가졌다. 뒷날에 보여주는 스펜서의 「박람강기」(博覽强記)는 이 시기의 다양한 교류관계를 내용으로 집필되었다고 한다. 저서로는 「사회정학」(Principles of Socialogy, 1951), 「제1원리」(First Principles: 1862년), 「생물학원리」(Principles of Biology)(2권, 1864~67), 「사회학원리」(Principles of Socialogy : 3권, 1876~96), 「윤리학원리」(Principles of Ethics : 2권, 1879~93) 등이 있다. 「사회학원리」에는 사회진화법칙이 기술되어 있다. 또 그의 「제1원리」(First Principles: 1862) 가운데에서 진화론의 근대적 정의가 형성되었다. 꽁트와 더불어 사회학이론의 기초를 세운 학자로 알려져 있다. 그는 사회학을 개인 유기체들의 결합으로 출현한 초유기체(사회)의 진화에 관한 과학이라고 정의했다.

애덤스(John Couch Adams, 1819~1892)

영국의 수학자·천문학자. 1845년 그는 천왕성의 오차를 역으로 이용해 8번째 행성 해왕성의 위치를 추정했고, 그 결과를 가지고 이듬해인 1846년 독일의 천문학자 Johann Galle가 해왕성을 발견함. 1859년 케임브리지 대학 천문학 및 기하학 교수, 1861년 케임브리지 천문대 대장을 역임했다.

아서(W. Brian Arthur, 1946~)

미국 스탠포드 대학 경제학 교수, Santa Fe Institute, City Bank Professor. UC 버클리 대학 경제학 교수 역임. 저서로는 「복합계경제학Ⅱ」(The Economy as an Evolving Complex System Ⅱ), (Mass, 1997)가 있다. 이 책에서 복잡경제학의 현대적 접근을 시도했다. 그는 경제균형보다는 경제과정에 초점을 둔다.

애덤즈(John Adams :1938~)

미국 메릴랜드대학 교수(1965~1990) 역임, 미국 진화론적 경제학회(AFEE)회장 역임(1992) 제도주의 경제학, 경제사분야 연구에 활발하다. 저서로는 「Institutional Economics」(1979), 「The Black Homeland of South Africa」(1977), 등 다수가 있다.

에이레스(Clarence Edwin Ayres, 1891~1972)

미국 경제학자, 철학자, 대학교수. 개인적 사회적 도덕성에 대한 가풍이 그에게 큰 영향을 주었다. 1912년 브라운 대학을 수석으로 졸업한 후, 하버드 대학과 브라운 대학에서 석사학위 취득. 시카고 대학에서 철학박사 학위를 취득한 후 1920년 경제학부교수 역임. 1930년 텍사스 대학 경제학교수를 역임. 그는 항상 철학과 경제학의 통합에 관심을 가졌고, 시카고 대학에서 그는 베블렌을 비롯한 제도학파경제학자들과 함께 철학적제도경제학을 연구발전시켰다. 주요 저서로는 「윤리학과 경제학간의 관계성」(The Nature of the Relationship Betwin Ethics and Economics: 1918), 「경제질서의 문제」(The Problem of Economic Order: 1938), 「The Theory of Economic Progress」(1944), 「The New Economics」(1948), 「The Institutionalism and Economic Development」(1960) 등 다수가 있다.

오크쇼트(Michael Oakeshott, 1901~1990)

영국 철학자이며 정치학자. 저서로는 「인간행동론」(On Human Conduct, 1975, 1990), 「역사론」(On History, 1983), 「유럽사회정치원리」(The Social and Political Doctrine of Contemporary Europe, 1939) 등이 있다.

월리스(Alfred Russel Wallace, 1823~1913)

영국 박물학자. 진화론자. 매머스셔 출생. 토지측량과 건축에 종사했고 산야를 답사하면서 식물을 채집하였다. 1848년 곤충학자 H. W. 베이트와 함께 남아메리카의 아마존 지방으로 답사여행을 한 뒤, 4년만에 귀국하여 기행문을 저술했다. 1854년에는 말레이 제도에서 동물표본을 만들기 위하여 8년간 머물렀다. 뉴기니 섬 근처인 타네이트 섬에서 와병 중에 맬서스의 「인구론」을 탐독하고 영향을 받아 「변종(變種)이 본래의 형에서 나와 무한히 떨어져 나가는 경향에 관하여」라는 논문을 써서 1858년 2월에 다윈에게 보내어 발표를 의뢰하였다. 다윈은 논문의 주지(主旨)가 이미 쓴 자기의 것과 같아서 고민하기도 했으나, 친구들에 의해 다윈의 논문과 동시에 그해 7월에 발표되었다. 월리스는 다윈의 연구가 심원함을 인정하고, 진화론에 관한 책인 「다위니즘」(Darwinism)(1889)을 출판하였다. 저서로는 「말레이제도」(1869), 「다위니즘」(Darwinism: 1889) 외 다수가 있다.

윈터(Sydney Winter, 1935~)

미국 아이오와시에서 태어났다. 1956년 스와트모어 칼리지를 졸업, 예일대학에서 1964년에 박사학위를 취득했다. 윈터는 넬슨과 함께 랜드연구소(The RAND Corporation) 및 예일대학에서 일한 뒤, 미 합중국회계검사원을 거쳐, 펜실베이니아 대학 와튼학교에 근무했다.

커먼스(John Rogers Commons, 1862~1945)

미국 경제학자. 20세기 초반의 30여 년 동안 미국 노동문제에 관한 최고 권위자. 오벌린 대학과 존스홉킨스 대학에서 수학했다. 1904~32년 동안 위스콘신 대학교 교수를 역임했으며, 「미국 산업사회의 역사」(A Documentary History of American Industrial Society, 1910~11), 「미국노동사」(History of Labour in the United States, 1918~35), 「제도학파경제학」(Institutional Economics, 1934), 「경제학과 집단행동」(The Economics and Collective Action, 1950) 등 다수의 저서가 있다.

토니 로슨(Tony Lawson, 1944~)

아일랜드의 National University of Ireland 경제학과 교수, 경제방법론학자. 「경제학과 실제」(Economics and Reality–Economics as Social Theory)를 출간했다. 그는 지식을 명시적 지식과 암묵적 지식으로 나누고 또 의식적 지식과 무의식적 지식으로 양분하였다.

폴라니(Michael Polanyi, 1891~1976)

헝가리 부다페스트의 유대인 집안에서 태어났다. 부다페스트 대학 의학박사, 또한 독일 베를린 대학에서 물리학·화학을 전공하였으며, 한때 '갈릴레오 서클'의 일원으로 활동하기도 했다. 그는 1차 세계대전 직후 베를린 섬유화학연구소에서 일했으며, 그 후 영국으로 이주하여 영국 맨체스터 대학 물리화학 교수와 사회과학 학장, 옥스퍼드 대학, 머튼 칼리지 펠로우를 역임하였다. 그의 생애 후반에는 철학가로 변신하고, 「개인적 지식: 후기 비판적 철학을 위하여」(Personal Knowledge: Towards a Post Critical Philosophy, 1964)를 저술하였다. 이는 과학철학 분야에서 가장 뛰어난 작품 중의 하나이다. 이밖에도 「과학, 신념 그리고 사회」, 「인식과 존재」 등의 저서를 남겼다. 「개인적 지식」(Personal Knowledge)은 김봉미·표재명 두 교수에 의해서 2001년에 우리나라에 소개된 바 있다. 내용은 제1부 앎의 기예, 제2부 암묵적 구성

요인, 제3부 개인적 지식의 정당화, 제4부 앎과 존재 등으로 구성되어 있다.

피구(Arthur Cesil Pigou, 1877~1959)

케임브리지학파인 마셜의 후계자이며 케임브리지 대학의 강사, 교수를 역임하였고, 후생경제학을 체계화하였다. 저서로는 「The Economics of Welfare」(1920), 「The Theory of Unemployment」(1933) 등 다수가 있다.

하이에크(Friedrich August von Hayek, 1899~1992)

오스트리아 경제학자이며 빈 출신이다. 1931년 런던 대학 교수, 1950년부터 미국 시카고 대학 교수, 1962년 독일 프라이부르크 대학 교수를 역임했고, 신자유주의론자이며 시장질서론을 주창하였다. 저서로는 「가격과 생산」(1931), 「자본의 순수이론」(1941), 「자유기업과 경쟁질서」(1947), 「자유의 체질과 그 원리」(1960), 「경제적 자유」(1991), 「화폐이론과 경기변동」(Monetary Theory and the Trade Cycle: 1932), 「이윤, 이자 및 투자론」(Profit, Interest, and Investment: 1939), 「실업과 통화정책」(Unemployment and Monetary Policy: 1979), 「화폐, 자본, 및 투자론」(Money, Capital, and Fluctuation: 1984) 등 다수가 있다. 1974년에 노벨경제학상을 수상했다.

허튼(James Hutton, 1726~1797)

스코틀랜드의 지질학자. 1785년 지구에 관한 이론을 발표하여 지구의 표면은 침식, 퇴적되고 습곡을 통해 새로운 지형을 이루며 다시 침식, 퇴적의 과정이 반복, 순환되는 지구를 가정하였다. 「Theory of Earth」에서 찰스 라이엘의 「지질학 원리」에 의해 그의 이론이 지지되었다.

헉슬리(Thomas Henry Huxley, 1825~1895)

영국의 생물학자. 런던출생. 런던대학에서 의학 전공을 하였고, 1846년부터 해군 군의(軍醫)로 오스트레일리아 방면을 항해하면서 바다동물의 생태를 조사했다. 특히 해파리류에 관해 상세한 연구를 하였다. 귀국 후 1859년 왕립광산학교 교수로 임명돼 생리학, 비교해부학 및 화석(化石) 연구에 몰두했다. 1880년부터 왕립학회 회장으로 활동했고, 강장동물과 고등동물의 해부학적 생태를 비교하여 발생학적 측면에서 서로 같은 점이 있음을 발견하여 두골척추골설(頭骨脊椎骨說)의 오류를 지적하였다. 그는 다윈의 「종의 기원」이 발표되자 그 학설을 인정하고 적극적인 지지자가 되었다. 1863년 저서 「자연에서의 인간의 위치」에서 네안데르탈인 화석 연구를 기초로 인간에게 진화론을 적용시켰다.

▌헤켈(Ernst Heinrich Philipp August Haeckel, 1834~1919)

독일 생태학자. 독일 포츠담에서 태어나 베를린 대학과 뷔르츠부르그 대학에서 의학과 과학을 공부하고, 1865년부터 예나(Jena) 대학의 동물학 교수로 재직하였다 (1919년에 은퇴). 그는 그의 생애 중 1860년 독일어로 번역 출판된 다윈의 「종의 기원」에 의해 크게 영향을 받고 그의 사상에 전환기를 맞는다. 저서로는 「생물체의 일반 형태론」(Generalle Morphplpgie der Organismus, 1866 Berlin), 「동물의 진화과정과 그 문제점에 관하여」(Uber die Entwicklungsgang und Aufgabe der Zoologie, Jenaische Zeitung 5, 1869) 등이 있다.

▌후커(Sir Joseph Dalton Hooker, 1817~1911)

영국의 식물학자, 여행가 및 식물수집가. 글라스고 고등학교를 거쳐 글라스고 대학에서 의학박사 학위를 받음. 어릴 때부터 할아버지(Hooker, Sir William Jackson; 역시 영국의 식물학자, 영국 왕립식물원 초대 원장)의 영향을 많이 받았으며, 식물분포와 여행기를 탐구했다. 할아버지의 무릎 위에 앉아 「쿠크 선장 여행기」(Captain Cook's Voyages-오스트레일리아 대륙을 발견한 항해가)의 그림들을 보면서 꿈을 길렀다. 그는 1851년에 다윈의 요청으로 「갈라파고스군도의 식물성장 개관」(On the Vegetation of the Galapagos Archipelago)을 출판했는데, 다윈이 '비글호' 시절에 수집한 식물들의 분류작업을 통해 그는 다윈과 1844년부터 친교를 맺게 되었다. 후커는 또한 「뉴질랜드의 식물상(相) 서문」(Preface to the Flora of New Zealand)을 1852년에 출판했다.

□ 참고문헌 □

- 금융감독원, 은행영업점포 및 임직원수 현황표, 2018. 3. 31.
- 김기윤, 진화론이 윤리학에 빛을 던져줄 수 있는가?, 명지대, 인문학연구소, 2004.
- 나가하라, 히데오미, 進化論が變わる, 고경식 譯, 진화론이 변하고 있다, 전파과학사, 1997. 6.
- 대외경제정책연구원(KIEP), 일본의 자산버블 경험과 한국에 대한 시사점, 2003. 12. 24.
- 매일경제, 2018. 7. 18.
- 삼성경제연구소, CEO Information, 2006. 585호.
- 삼성경제연구소, 한국정책지식 생태계활성화전략, 2006. 9. 25.(2007. 1. 4. www.seri.org 발표)
- 삼성경제연구소, 국가경쟁력의 원천-건강한 정책지식생태계, CEO Information, 제576호, 2006. 11. 1.
- 삼성경제연구소, 일본기업의 공격경영-현상과 대응, CEO Information, 제579호, 2006. 11. 22.
- 생물학전문연구정보센터[BioWave(http://bric.postech.ac.kr/webzine)], 2003년 1월호 9.
- 시사정보연구원, 뉴포커스시사일반상식 2019년대비, 산수야, 2018.
- 우리은행, 여신의사결정구조 및 기업분석방법, 여신정책팀, 2007.
- 우리은행, 여신승인절차, 여신정책팀, 2007.
- 우리은행, 부실징후예측 및 여신의사결정, 여신정책팀, 2007.
- 웬들 고든·존 애덤스 지음, 임배근·정행득 옮김, 제도경제학, 비봉출판사, 1995.
- 이요섭, 금융시장의 이해, 7판, 연암사, 2017.
- 이요섭, 한국경제와 금융개혁, 연암사, 2004.
- 이헌창, 한국경제통사, 개정판, 법문사, 2003.
- 임명환, 기술혁신의 진화와 혁명, 디지털타임스&dt.co.kr, 2006. 1. 6.
- 전도일, 경제이론발달사, 교우사, 1999.

- 조순 外, "하이에크 연구", 민음사, 1995.
- 한국방송, 적도 생명의 보고-갈라파고스섬, 특집시리즈-환경스페셜, 제2편, 2006. 5. 9.
- 한국은행, 조사통계월보 2006, 11월호.
- 한국은행, 2006년 12월중 금융시장동향, 2007. 1. 9.
- 헤랄드 빌렌브록 지음, 배인섭 옮김, 행복경제학, 미래의 창, 2007.
- 홍민기, 진화경제학 논리 연구, 2001, (http://www.ksesa.org/)
- 홍익희·홍기대, 화폐혁명, (주)매티치미디어, 2018.
- Hayek, F. A. von, "The Fatal Conceit - The Errors of Socialism", 1988.
- Hodgson, Economics and Evolution, 1993.
- http://ipcp.edunet4u.net/~teacher08/moredarwin.htm 25.
- http://kr.yahoo.com/
- Koslowski, P., The Economy of Happiness, 2006.
- Mahnusson, L., Evolutionary and Neo-Schumpeterian Approaches to Economics, 1993.
- Michael Polanyi, Personal Knowledge : Towards a Post Critical Philosophy, 1964.
- Richard Nelson, Recent Evolutionary Theorizing About Economic Change, Journal of Economic Literature, Vol XXXIII , March 1995.
- Samuelson, Paul A. Economics-An Introductory Analysis, McGraw-Hill Book Company, Inc., New York, 1955.
- Adam Smith, An Inquiry of the Nature and Causes of the Wealth of Nations, 5th ed., Edwin Cannan, London, 1904.
- Ulrich Witt, Evolution in Markets and Institutions, 1993.
- Varela, F. J., and Dupuy, J. P. Understanding Origin, 1992.
- Friedrich von Hayek 著, 『自由の條件』, 氣賀健三 外 譯, 『ハイエク全集』, 春秋社, 1986-87.
- Joseph Schumpeter 著, 『經濟發展の理論』, 野谷裕一 外 譯, 岩波書店, 1980.
- Michael Polanyi 著, 『個人的 知識』, 長尾史郎 譯, ハーベスト社, 1986.
- Thorstein Bunde Veblen 著, 『有閑階級の理論』, 高 哲男 譯, 筑摩書房, 1998.
- 江頭 進, 『進化經濟學のすすめ』 2002, 講談社.
- 柴谷篤弘 外, 『講座 進化 1-進化論とは?』 東京大學 出版部, 1991.
- ドロシー・レオナルド 著, 『知識の源泉』, 阿部孝太郎 外 譯, タイヤモンド社, 2001.